GEORGINE DE CHABOT

COMTESSE DE TINGUY

GEORGINE DE CHABOT

COMTESSE DE TINGUY

PAR

L'ABBÉ **LÉO GUICHET**

SUPÉRIEUR DE L'INSTITUTION SAINTE-MARIE A LA ROCHE-SUR-YON

> « *La sainte, la prédestinée germera*
> « *en vous de la mère, de l'épouse et de*
> « *la maîtresse de maison.* »
>
> (PAROLES DE SON DIRECTEUR.)

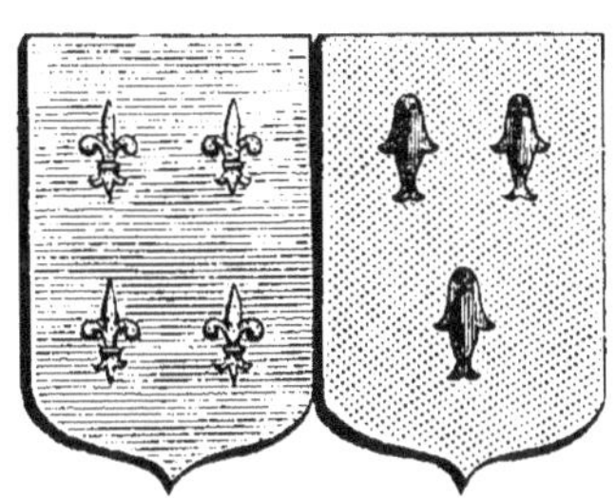

NANTES

VINCENT FOREST ET EMILE GRIMAUD

IMPRIMEURS-ÉDITEURS

4, PLACE DU COMMERCE, 4

1888

ÉVÊCHÉ DE LUÇON

Luçon, dimanche du Bon-Pasteur,
le 15 avril 1888.

Nous permettons bien volontiers l'impression des pages qu'un prêtre de talent a consacrées à la pieuse mémoire de Madame la comtesse de Tinguy de Beaupuy, née Georgine de Chabot. Nous avons pu apprécier cette âme d'élite, ses rares vertus, son fidèle dévouement à Dieu et à l'Église, à sa famille et aux œuvres. Elle laisse, non seulement parmi ceux qui l'entouraient, mais dans notre diocèse et ailleurs, les plus édifiants souvenirs : pour tous ceux qui l'ont connue, elle restera un modèle accompli de l'Épouse et de la Mère chrétienne.

† CLOV.-JH., EV. DE LUÇON.

Monsieur le Supérieur,

Je viens de lire avec bonheur les pages émues et pleines de cœur que vous consacrez à la mémoire de ma bien-aimée sœur Georgine.

Je ne veux pas tarder à vous en exprimer ma vive reconnaissance. En lisant ces lignes, écrites avec le cœur d'un ami éclairé par la Foi, j'ai répandu bien des larmes au souvenir de mes chers morts. Il me semble que vous avez en quelque sorte fait revivre notre si excellent père, nos bonnes et saintes petites nièces, nos oncles vénérés, nos amis fidèles, notre sœur si admirable.

Sous votre plume, trempée dans le feu de l'amour de Dieu, ils nous apparaissent tels que la Miséricorde de la divine Providence nous les avait donnés.

Encore une fois, merci pour les douces larmes

que j'ai versées et pour les exemples si forti-
fiants que vous nous présentez d'une manière si
touchante.

Veuillez, Monsieur le Supérieur, me croire
votre bien dévoué et reconnaissant serviteur,

LE COMTE DE CHABOT.

Jour de la Pentecôte, 20 mai 1888.

MEMENTO MATRIS TUÆ !

(Eccl., XXIII, *v*. 18.)

« GARDEZ LE SOUVENIR DE VOTRE MÈRE. »

Son Souvenir, c'est l'image encore présente de celle qui s'en est allée.

Son Souvenir, c'est le sourire toujours affectueux de la bien-aimée qui n'est plus.

Vivre a jamais dans un cœur, douce immortalité, qui commence ici-bas pour se poursuivre éternellement entre les bras de Dieu.

Son Souvenir brille comme une lumière qui éclaire toujours le chemin du devoir.

Il est consolant, au milieu des angoisses du doute anxieux, de chercher un conseil auprès de celle qui a toujours voulu, qui veut toujours votre bonheur.

Son Souvenir demeure comme un exemple, qui invincible-
ment vous entraine.

Il est si doux de suivre cette mère tendrement aimée,
même dans la voie douloureuse du sacrifice.

Son Souvenir reste debout comme une sauvegarde.

Qui donc oserait forfaire à l'honneur, en présence de
celle qui a vécu sans défaillance ?

Recueillez avec respect, conservez avec amour l'héri-
tage de ses vertus, comme on recueille, comme on conserve avec amour et respect des reliques vénérées.

GEORGINE DE CHABOT

COMTESSE DE TINGUY

GEORGINE DE CHABOT

COMTESSE DE TINGUY

I

Naissance, le 2 août 1823. — Baptême, le 6 août.

E six du mois d'août mil huit cent vingt-trois, il y avait grande et joyeuse fête chez le vicomte de Chabot, au château de la Boursière en Venansault. Ce coin du bocage vendéen, où la guerre avait passé, laissant après elle le deuil et les ruines, quelque trente ans auparavant, jouissait alors de la paix, ramenée par les Bourbons, et du bonheur, revenu avec les anciens maîtres du pays.

Ce jour-là, le vicomte de Chabot avait réuni, pour

célébrer une naissance heureuse, son frère aîné, le comte de Chabot, chef d'état-major du général de Suzannet en 1815 ; son plus jeune frère, Alexandre de Chabot, qui avait fait brillamment la campagne de Leipsick dans les gardes d'honneur ; son beau-frère, le comte Guerry de Beauregard ; sa belle-mère, Constance du Vergier de la Rochejaquelein, sœur des trois héros vendéens.

L'enfant, qui groupait ainsi les cœurs amis autour de son berceau, était la seconde fille de Monsieur Constantin-Joseph vicomte de Chabot, marié, le 24 avril 1819, à noble Demoiselle Adélaïde Guerry de Beauregard.

Elle fut tenue sur les fonts baptismaux par le chevalier Dupérat, commandant le département de la Vendée, parrain par procuration, représentant le marquis Henri-Auguste-Georges de la Rochejaquelein, pair de France, qui faisait, cette année-là même, la guerre en Espagne. Sa marraine fut mademoiselle Céleste de Chabot, sa tante, qui est morte depuis au Parc, aimée des siens, chérie des pauvres et vénérée par tous.

L'imagination populaire conduit au berceau des enfants de noble race des fées merveilleuses, dont la baguette magique fait épanouir la bonté dans leur cœur et la beauté sur leur front : on peut dire ici que, pour protéger les espérances endormies dans

cette fragile barcelonnette, il y eut mieux que les fées
de la légende ; on vit réunies la loyauté, la bravoure
et la sainteté ; vertus divines aux influences mystérieuses.

Cette enfant fut appelée Georgine, du nom de son
parrain, et en souvenir du vaillant Georges Cadoudal,
l'ami intime de son oncle Auguste de Chabot.

A ce nom on ajouta ceux de Henriette-Françoise ;
et elle eut ainsi trois puissants protecteurs au ciel : les
deux premiers croisèrent leur épée au-dessus de son
âme, pour écarter d'elle le vol des esprits mauvais ;
et le troisième lui obtint l'amour séraphique et la
douce résignation dans les souffrances qui lui furent
plus tard largement prodiguées.

C'est cette enfant qui devait être, un jour, la comtesse de Tinguy ; cette âme affectueuse, charitable,
pieuse, délicate et dévouée, que nous avons connue,
que nous avons aimée et que nous pleurons ; cette
âme, toute belle dans ses humbles vertus, qu'il nous
serait si doux de faire revivre par quelques traits
fidèles, pour l'édification et la consolation de ceux qui
lui gardent le culte du souvenir.

II

*Première éducation. — Séjour à Niort. — Une
visite à la duchesse de Berry. — Chez M*^{lle} *Priet.
— Première communion. — Premières amitiés.
— Au balcon de l'hôtel de la Bretesche. — Séjour
au Bois-Boissière.*

1823-1843

GEORGINE-HENRIETTE-FRANÇOISE de Chabot, comtesse de Tinguy, était par sa grand'-mère maternelle petite-nièce des trois La Rochejaquelein, Henri, Louis et Auguste ; par ses ancêtres paternels, elle descendait de la famille des Chabots [1], déjà glorieuse au XIIe siècle. « Henri II,

1. Ceux qui ont visité la salle des Croisades à Versailles, ont pu remarquer l'écusson de Sebran Chabot. Sebran Ier Chabot, désigné dans les chartes à l'année 1131, accompagna Louis VII à la croisade.

On voit aussi à Versailles la statue de l'amiral de Chabot, par Jean Goujon.

Les armoiries des Chabots sont des armes parlantes, qui portent d'or à trois chabots de gueules, nageant en amont, rangés deux en chef et un en pointe. Cette maison a toujours conservé ces armes, qui remontent à la plus haute antiquité : elle les a écartelées des macles de Rohan au XVIIe siècle, en s'unissant à cette maison par une alliance qui fut l'œuvre de Louis XIV.

roi d'Angleterre, et d'Aquitaine par son mariage avec Éléonore de Guienne, haïoit, dit Jean Bouchet, la noble et ancienne lignée des Chabots, parce qu'ils étaient des principaux barons et plus hardis du pays de Poictou, et étaient toujours bons François. »

Madame de Tinguy était donc d'illustre origine, et l'on eût pu « remonter dans sa fortune sans y trouver une injustice et dans sa race sans y voir une félonie [1]. » Ceux qui l'ont connue savent que les sentiments de son âme, la distinction de sa personne, la délicatesse de ses paroles et tous les actes de sa vie révélaient, encore mieux que son nom, la noblesse de son origine. « Et si l'éclat de la naissance, si l'illustration de la race constitue la noblesse des familles humaines, a dit saint Ambroise, ce qui ennoblit les âmes et leur donne la beauté, c'est la splendeur de la vertu. »

Lorsque Georgine vint au monde, le vicomte de Chabot avait eu déjà deux enfants, un fils et une fille ; ce fils était mort dans des circonstances assez tragiques.

« Je n'ai su qu'une fois, écrira plus tard M. de Chabot lui-même à cette « *chère Georgine* », combien il est pénible de perdre ses enfants ; c'était à dix mois, le premier-né, votre frère, un superbe garçon

1. Louis Veuillot.

qui aurait actuellement trente-huit à quarante ans. — Adèle et moi l'avions laissé aux Gâts, parfaitement bien portant, pour aller à Saint-Aubin, pour affaires urgentes. Deux jours après, nous recevions un exprès. Nous arrivons en hâte aux Gâts : il était mort et enterré. Votre grand'maman était au château.

« C'était la suite d'un accident, qui a été caché soigneusement. Il y avait une jeune petite bonne, fort gaie et étourdie. Nul doute qu'elle l'avait laissé tomber sur la tête. On nous dit seulement qu'il était mort, la tête grosse comme un boisseau. — Ayez donc des bonnes étourdies ! — C'était bien cruel : un premier-né ! J'allais dire, *encore un garçon ;* mais alors j'ignorais à quel point j'aurais aimé mes filles, si Dieu m'en donnait. Il m'en a donné de bien bonnes, bien gentilles, que j'aime tout autant que les garçons. Mais c'était surtout pour mon cher père, qui était déjà vieux, et qui se voyait revivre. Il n'a pas eu cette satisfaction. Marie est venue ensuite, et puis toi... »

Nous savons peu de choses de ces premières années d'enfance, qui se passèrent paisiblement au château de la Boursière ; mais nous pouvons assurer que cette première « nourriture », comme parlaient nos pères en désignant l'*éducation,* fut toute pénétrée de foi religieuse et de foi monarchique. Sur les genoux de sa mère, à son cœur, elle puisa cet amour ardent des choses saintes, des choses nobles, des choses belles, qui imprima l'impulsion et la direction à sa vie ; car elle garda toujours, comme nous le verrons plus tard, à Dieu toute son âme et au Roi tout son cœur.

A mesure que nous nous éloignons des horreurs sanglantes de la Révolution, les sentiments perdent de leur vivacité ; mais il faut entendre parler ceux qui ont vécu sous la Restauration. Le bruit des combats retentissait encore ; les armées alliées avaient à peine quitté le territoire ; les procès politiques célèbres remuaient l'opinion publique. Les familles qui avaient profité des troubles de 93 pour s'enrichir, dissimulaient mal leurs terreurs ; celles qui avaient été dépouillées laissaient trop voir leurs sourdes rancunes. Aussi l'exaltation surexcitait toutes les imaginations ; et dans tous les cœurs couvaient des enthousiasmes ou des colères. Quand 1830 arriva, M. le vicomte de Chabot, qui était maire de Venansault, fut en butte à des persécutions mesquines et à des tracasseries de toutes sortes : visites domiciliaires, menaces, etc. ; si bien qu'il fut obligé de s'exiler à Niort, avec toute sa famille.

Georgine de Chabot était âgée de sept ans, et sa sœur aînée de neuf à peine. Toutes deux comprenaient avec l'instinct des âmes enfantines la douleur de leurs parents, contraints à cette sorte d'exil. Plus d'une fois on avait parlé devant elles de légitimité,

d'honneur, de loyauté, de gloire ; et tous ces beaux
sentiments se résumaient pour elles dans un symbole
visible et bien connu, le drapeau blanc ; par contre, le
drapeau tricolore leur inspirait presque de la frayeur ;
si bien qu'en arrivant dans la ville de Niort, elles
pleurèrent à chaudes larmes, à la vue du drapeau
aux trois couleurs flottant sur un édifice public.

Quelques jours après, ce fut pis encore. Dans
l'intérieur du couvent du Sacré-Cœur, une jeune
pensionnaire se montre en récréation, portant comme
ceinture autour de la taille une magnifique écharpe
tricolore. Georgine de Chabot en la voyant ne se sent
pas d'indignation : elle se précipite vers la jeune fille,
et d'un geste rapide elle lui arrache sa ceinture et la
déchire.

« La vie morale de l'homme, a dit Xavier Mar-
mier, commence plus tôt qu'on ne pense, par des
réflexions tacites et des élans inaperçus. On ne
remarque pas le germe fugitif, que le vent emporte au
loin : on ne remarque pas le rapide incident, qui laisse
une impression dans l'esprit d'un enfant. Ce germe
produit un arbre ; cettte impression produit une
passion. »

Chez Georgine de Chabot, cœur sensible, âme
ardente, ces impressions vives se changèrent peu à
peu en convictions fortes et inébranlables.

Jusqu'au moment où la raison et la pitié devaient

apporter dans cette imagination toute de flamme leurs
pensées graves, et dans cet esprit impétueux le sentiment et la passion du devoir, Georgine demeura vive,
espiègle même à certaines heures, dans ce couvent de
Niort ; et cependant elle avait gardé de son séjour
auprès des religieuses du Sacré-Cœur un souvenir
impérissable. Son âme encore tendre avait subi le
charme attrayant de ce dévouement si pur. Il se
dégageait de ces cœurs vierges un parfum, dont fut
pénétrée cette enfant, qui avait, comme elle l'a dit
elle-même, *un si grand amour de la belle vertu.*

Un souvenir encore plus lointain, resté au cœur de
Madame de Tinguy, était un voyage à Saint-Aubin de
Baubigné, en compagnie de sa mère, pour voir Madame
la duchesse de Berry ; l'enfant n'avait alors que six ans.
De lassitude et de fatigue elle s'endormit *irrévérencieu-
sement* sur le canapé du salon où Madame de Chabot
était venue présenter ses hommages à l'auguste prin-
cesse. Elle était charmante, cette mignonne figure d'enfant, encadrée dans l'auréole de ses blonds cheveux.
Quand les personnes présentes, un peu scandalisées
peut-être par ce manquement à l'étiquette, tournèrent
les yeux vers l'enfant endormie, sa pauvre mère, con-
fuse, balbutiait des excuses ; mais la duchesse, bonne et
gracieuse, qui avait au cœur toutes les délicatesses de
l'amour maternel, se leva, et, effeuillant un bouquet
de roses qu'elle tenait à la main, elle s'amusa à par-

semer des pétales embaumés sur la tête de la jeune dormeuse, bien surprise et bien joyeuse à son réveil.

A dix ans environ, elle entra à Nantes dans la pension de Mademoiselle Priet. Là, elle fut d'abord ce qu'elle avait été à Niort, turbulente, indisciplinée même. « Il faut l'avouer, écrit une de ses amies d'alors, nous n'étions pas des plus sages. Georgine, remplie d'esprit, était prompte à la répartie, et son impertinence aisée était des plus amusantes pour ses compagnes, moins hardies qu'elle dans cette voie, qui déjà indiquait la droiture accentuée de son caractère fier. »

Mais à cette époque, ajoute la même lettre, elle avait déjà ce fond de foi chrétienne et vive qui devait s'épanouir plus tard en piété riche et florissante.

En attendant l'heure de la moisson mûre, celles qui travaillaient sur cette nature capricieuse et fantasque semaient dans de rudes labeurs et se tourmentaient fort de ses espiègleries.

Un jour même, l'irritation et les heurts furent tels que le caractère indompté de l'enfant se cabra, et, pour secouer le joug de l'autorité, Georgine de Chabot s'enfuit de la pension et se réfugia à la maison paternelle.

Elle fut reconduite, bien entendu, dans cette maison, que l'enfant mutine regardait comme « une vraie geôle de jeunesse captive », et qu'elle devait aimer, plus tard, comme le toit béni, à l'abri duquel avait pris naissance sa vie morale et chrétienne.

Cette légèreté et cette insouciance donnèrent de telles inquiétudes qu'il fallut éloigner l'époque de sa première communion. Ce fut à l'âge de douze ans seulement, le 2 juillet 1835, qu'elle fit cet acte solennel, qui devait marquer chez elle le début d'une existence toute nouvelle.

On l'a justement observé, cette rencontre d'une âme avec Dieu, à l'entrée de la vie, est quelque chose de grand et de doux, de solennel et d'intime; l'enfant qui n'en est pas touché profondément, et profondément changé, doit inspirer des craintes pour l'avenir.

« Je n'ai jamais désespéré d'un enfant jusqu'à sa première communion », a dit Mgr Dupanloup.

Il y eut dans cette âme pure et candide un épanouissement brusque; comme le phénomène de cet arbre merveilleux, qui fleurit, dit-on, dans une heure, avec l'explosion soudaine d'aromes parfumés.

Georgine de Chabot reçut au cœur cette commotion violente, qui renverse une vie toute de légèreté et d'insouciance, et cette grâce puissante, qui édifie à la place une existence toute de vertus et de sérieux devoirs.

Aussi le souvenir de ces premières et pures joies de son âme rayonnait encore sur les dernières années de sa vie, et son visage s'éclairait alors de ce sourire, que connaissent si bien ceux qui l'ont aimée.

Il nous souvient de l'avoir vue, le jour de la première communion de l'un de ses petits-fils, toute radieuse et toute rajeunie. Quelqu'un parlait devant elle des catéchismes dans la cathédrale de Nantes, de cette impression inoubliable, que ressent l'enfant, en montant pour la première fois dans la chaire lire sa conférence, des chants, etc...; elle était heureuse, et, pendant quelques instants, en retournant dans ce cher passé disparu, elle vécut de cette vie, que l'on vit à douze ans : vie si pleine du charme des choses pures et des choses rêvées, vers laquelle on revient toujours, même après les plus cruels naufrages, comme vers un abri tranquille, ouvert au cœur brisé.

Après sa première communion, Georgine de Chabot fut, non pas un parfait modèle de sainteté, mais une écolière pieuse et appliquée au travail.

De temps en temps, son esprit fin et facilement railleur reparaissait encore, et piquait parfois ; mais on lui pardonnait vite pour son excellent cœur. Du reste, la gaieté de son caractère, la vivacité de son intelligence, et cette bonté qui fut toujours le fond de son âme, lui gagnaient toutes les sympathies, et tous ceux qui l'approchaient se sentaient inclinés vers elle, séduits par ce sourire affectueux, rayonnant sur son visage d'un ovale si pur, et par ce regard profond, dans lequel on pouvait plonger, comme dans le limpide cristal, sans rien voir de souillé.

Elle était liée d'une amitié bien intime avec Léonie de Cornulier, devenue depuis Madame la comtesse de Villebois, et Herminie du Guiny, « morte de la poitrine à l'âge de vingt-deux ans, déjà transfigurée comme un ange. »

« Quand nous nous séparâmes, écrit Mme de Villebois, j'avais quatorze ans, Herminie aussi. Georgine avait deux ans de plus que nous, et devint plutôt grande pensionnaire qu'élève chez Mlle Priet. Privée de mère, c'est là qu'elle passa sa jeunesse, sans connaître les fêtes du monde. Aussi Georgine ne leur donna-t-elle pas de regret ; et, comblée des bontés de Mlle Priet, se trouva-t-elle heureuse sous son toit. C'est alors que son âme ardente se tourne tout à fait vers Dieu, et pour toujours. Telle vous l'avez connue, telle elle avait été bien avant son mariage. Le charme de ce visage serein ne l'abandonna jamais, même au fort de ses cruelles épreuves. »

Cette jeune fille au cœur chaste, mais à l'âme affectueuse, qui n'avait pas pour épancher son besoin d'aimer le sein de sa mère, reportait sur ses amies toute sa tendresse ; et certes, elle était vive et profonde dans cette nature si richement douée. Le dernier jour de l'année scolaire 1838-39, elle était seule à la pension avec Herminie du Guiny, s'abandonnant à la triste mélancolie de cette solitude, si profonde après les heures de séparations douloureuses. Le lendemain matin, Herminie part à son tour. « Au moment de nos adieux, écrit-elle, nous avons fait mille bêtises ; c'étaient des transports, des élancements, des embrassements et des grimaces à n'en plus finir. Je me suis donc enfin arrachée des bras de notre tendre amie, et j'ai été recevoir les derniers conseils de notre institutrice. Puis j'ai quitté la pension avec une de ces joies délirantes, plus faciles à ressentir qu'à exprimer. »

Elle était aussi vive et spirituelle qu'affectueuse et tendre, cette Herminie ; et sa lettre, écrite dans un ton enjoué, nous donne la note dominante de cette amitié à trois : amitié pétillante de jeunesse et d'espoir qui répand un charme si attrayant sur ces débuts de la vie et que l'on contemple avec de mélancoliques regrets quand, plus tard, on se tourne vers ce printemps disparu.

« La Haye de Besné, ce 30 août 1839.

« Bien chère Léonie,

« Elle est donc arrivée, cette époque de bonheur, que nos vœux appelaient de si loin ! Nous voilà donc en vacances ! Quel mot magique pour de pauvres petites écolières qui ont été cloîtrées une année entière !

Aussi quelle félicité inonde mon cœur ! Je suis comme métamorphosée, tant je me trouve heureuse ! Au lieu des soucis, des ennuis de l'étude et des *grondins*, nous voici auprès de parents bien-aimés jouissant des charmes de la campagne et de la liberté.

« Vendredi je te quittais bien triste de nos adieux, pauvre amie. Ne pas nous voir pendant deux années, et, avant une si longue séparation, n'avoir pas même trouvé un moment pour nous dire toutes nos pensées ; mais du moins, ma bien-aimée Léonie, tu connais tous les sentiments de mon cœur, tu sais bien qu'il n'a pas été insensible à notre séparation ; j'espère bien nous en dédommager par une correspondance régulière.

« Tu t'imagines bien quelle a dû être ma joie de revoir la maison, après en avoir été absente pendant onze grands mois d'ennuis, les douces sensations que mon cœur a éprouvées quand j'ai mis le pied sur le seuil paternel. Je suis arrivée samedi à midi ; je suis partie de Nantes à 7 heures ; il n'y avait que moi et Georgine à coucher ; je suis partie par la voiture de Savenay ; nous tenions tout l'intérieur.

« Dans le coupé était Jacobine M., Ch. B. avec son *tonton* ; nous sommes arrivés à midi. Après m'être donnée aux premiers élans indispensables dans une telle circonstance, je voulus me recueillir ; je me retirai dans un bosquet du jardin anglais ; tout était silencieux, et tout cependant me présentait une sublime harmonie ; je cheminais à pas lents, les yeux baignés de larmes. Que de délicieuses émotions se faisaient sentir à mon cœur attendri ! Le doux frémissement de la feuille, le vol de l'oiseau, et surtout, oh ! surtout, quelque chose qui me remuait, qui m'agitait, qui m'attendrissait, quelque chose qui s'offrait de loin à ma vue... Te le dirai-je, chère Léonie ?... j'en suis encore tout émue. Eh bien ! je vais te le dire. Hélas ! quand je me rappelle l'émotion, la sensation qui s'empara de tout mon être ! ! ! Eh bien ! je vais te le dire : c'était l'aspect d'un beau pêcher chargé de fruits. Juge si je pouvais résister à un si doux spectacle !... Tu me connais d'ailleurs sobre, pacifique... aussi j'ai résisté à la tentation, comme tu peux le penser.

« Tu m'avais demandé de la poésie. En voilà de fleurie et d'appétissante. J'en fais souvent de ce genre.

« Il faut que je te dise que j'ai écrit à Mlle Priet une lettre de trois longues pages ; deux pleines de tendres sentiments et de poésie, et l'autre pour demander plusieurs choses que j'ai oubliées à Nantes ; ce qui m'a obligée de lui écrire si tôt. Ecris-lui donc aussi, chère amie, quelque chose de bien tendre et de bien reconnaissant. Ton cœur doit te fournir de belles phrases ; car n'avons-nous pas été particulièrement, avec plusieurs autres, l'objet de sa tendresse, cette année surtout ?

« Si tu savais comme elle a été généreuse envers moi pour mon prix d'honneur ; elle m'a donné 9 volumes, dont 2 sont dorés sur tranches ; puis 3 autres livres pour mon prix de Pâques, et celui d'écriture ; ce qui me fait tout d'un coup 12 très beaux livres.

« Tu ignores sans doute qu'Elisabeth est à la campagne, chez Madame de Civrac ; si tu veux lui écrire, tu n'auras qu'à mettre au château de Beaupréau, tout simplement. Je regrette bien qu'elle ne vienne pas encore cette année passer quelques jours avec moi.

« Pendant que les Chabot seront avec toi, ne manque pas de m'écrire toutes les bêtises que vous ferez ; dis-moi aussi si tu fais ton roman ; pour moi j'avais aussi entrepris d'en faire un ; mais comme cela m'occupait passablement, je l'ai laissé ; car je suis d'une paresse insoutenable pour tout ce qui est travail d'imagination, quand toutefois il n'est pas ordonné par Mlle Priet.

« Il faut que je te fasse part d'un projet que j'ai formé ; en quittant la pension, j'ai demandé à Mlle H. son adresse, tout en comptant ne pas lui écrire ; cependant j'ai pensé que si, toi, moi, et toutes ces demoiselles lui écrivions une lettre semblable, ce serait assez risible ; du moins les premières lignes. Je vais donc t'écrire ce que je mettrai, tu le diras à ces demoiselles ; de mon côté je leur dirai aussi ; voici donc :

« Mademoiselle,

« Je ne serais pas digne de posséder votre tendresse,
si je ne cherchais toutes les occasions de vous prouver
que mon cœur ne sera jamais en arrière, quand il
s'agira d'assurer ma vive affection à une maîtresse
aussi bonne ; et, malgré toutes les petites malices que
je vous ai faites dans le cours de l'année, mes sentiments n'en étaient ni moins tendres ni moins
vifs. »

« Je t'engage, bien chère Léonie, à lui écrire le
plus tôt possible. Son adresse est au château de Mal...,
près Ploërmel ; engage bien aussi Georgine à le faire.
Je vais écrire à Louise. Nous verrons si Mademoiselle
s'en apercevra.

« Il faut aussi que tu lui donnes ton adresse, et que
tu la supplies de te répondre.

« Adieu, ma bien-aimée, une prompte réponse, je
t'en prie ; adieu encore une fois ; je te quitte pour
écrire à Georgine.

« Ta meilleure amie,
« Herminie.

« Pardonne la négligence de mon style et de mon
écriture. »

Il faut bien penser que c'est une jeune espiègle de
quatorze ans qui écrit ces lignes, qui forme de si noirs
et de si malicieux desseins.

Georgine de Chabot avait alors seize ans ; et, bien que l'aînée, elle ne le cédait guère, il faut l'avouer, à ses deux plus jeunes amies, quand il s'agissait d'amusements et d'innocentes plaisanteries. Et cependant au fond elle était sérieuse et grave, de cette gravité, de ce sérieux, que donne la conscience droite et pure. De plus, elle possédait des qualités naturelles que ses maîtresses cultivèrent avec grand soin. C'était en effet une de ces natures parfaitement organisées, douées d'aptitudes très diverses ; si son cœur était affectueux et aimant, si son esprit était fin et pénétrant, elle avait aussi, pour employer l'expression d'un écrivain, *une tête sonnante, une oreille juste, des sens délicats,* une voix mélodieuse. Dès après sa première communion, on l'avait choisie pour chanter aux catéchismes ; plus tard, elle fut nommée directrice du chant. Elle devint bonne musicienne, et on aimait partout à l'entendre. Mais ce qui attirait surtout en elle, c'était le charme de ce visage toujours souriant, car d'elle on aurait pu dire ce mot de saint Grégoire sur saint Athanase enfant : « Visage angélique..., âme plus angélique encore [1]. »

Il lui importait de parfaire son éducation et de mettre à profit cette année 1839-40, qui allait être sa dernière à la pension Priet. Aussi nous la voyons travailler davantage, et renoncer même, comme en

---

1. « *Vultu angelicus, animo magis angelicus.* » Saint Grégoire.

témoigne la lettre suivante, à ce qui pourrait la distraire de ses occupations sérieuses :

« Mes chères cousines, j'ai appris l'aimable invitation que vous êtes venues me faire. J'aurais eu bien du plaisir à l'accepter, mais je me vois forcée de rejeter ce bonheur à un autre jour. Ayant une grande quantité de compositions pour la fin de la semaine et pour la prochaine, le temps n'est pas trop long d'ici-là, pour me permettre de l'employer autrement.

« Je vous avouerai que ma plume se refusait un peu, d'accord avec mon cœur, à faire une telle chose, mais enfin la raison l'a emporté. Et j'espère, mes chères cousines, que vous aurez plutôt la bonté de me plaindre que de me blâmer. A ma dernière année de travail classique, il faut bien me donner un peu plus de peine pour la terminer avec *honneur*.

« J'ai eu le bonheur d'obtenir le prix de Pâques, qu'on nous a nommé hier. Ce qui me donne du courage pour couronner l'œuvre.

« A une autre fois, mes bonnes cousines, et j'espère que, d'ici ce temps, j'aurai le plaisir de vous voir, de vous embrasser. Je le fais de cœur pour cette fois, en attendant mieux.

« J'embrasse aussi mon oncle et ma tante mille fois de cœur.

« GEORGINE,

« 20 mai 1840. »

Parmi les souvenirs qu'elle conservait de ses jours passés chez Mlle Priet, elle aimait à rappeler celui-ci. Pendant une de ces processions de la Fête-Dieu, qui naguère encore étaient la joie et l'orgueil de la ville de Nantes, elle se trouvait au balcon de l'hôtel de la Bretesche. Près d'elle était debout, dans sa raideur militaire, les bras croisés, la tête nue, un vieux général qui avait fait les campagnes de l'Empire. Quand Notre-Seigneur passa sous les fenêtres, le poste d'en face portait les armes, et les tambours battaient aux champs. Au commandement : « Genou ! terre ! » le général s'inclina, et les larmes d'une émotion profonde coulèrent sur son mâle visage. « Vingt fois, dit-il en se relevant, j'ai conduit mes hommes au feu ; vingt fois j'ai vu la mort devant moi ; jamais je n'ai été ému comme je le suis maintenant par un pareil spectacle ! »

Ces larmes, arrachées à la rudesse de ce vieux soldat ; ces paroles brisées par l'émotion firent une impression profonde sur l'âme vive et sensible de la jeune pensionnaire, qui n'a jamais oublié cette scène, simple et grande comme tous les sentiments nobles et vrais.

Au sortir de pension, elle vécut avec son père, qu'elle aimait si tendrement, au Bois-Boissière.

Ces trois années, qu'elle passa solitaire et tranquille avec un père, dont le caractère s'harmonisait si bien avec le sien et dont l'âme comprit si vite son âme, établirent entre elle et lui une affection tendre qui, avec les séparations, les épreuves, les peines et les souffrances, devient un échange de vénération filiale et de vives sympathies.

Déjà dans cette retraite profonde, loin des fêtes et des joies, dont les jeunes filles de son âge sont d'ordinaire si avides, d'austères devoirs lui incombent : elle fait l'apprentissage de ce rôle, qu'elle remplira toute sa vie désormais avec une abnégation si désintéressée et un dévouement si tendre, mère de famille et maîtresse de maison. En effet, sa sœur aînée reste à Nantes, chez le baron de Rascas, leur oncle, ses frères sont au collège, achevant leur éducation ; seule donc elle prend la responsabilité de tout diriger et d'élever sa plus jeune sœur, qui n'a que six ans à peine.

Certes, c'était une vie sévère que cette vie sevrée de plaisirs bruyants ; et Georgine prit là, dans ce séjour agreste entouré de bois épais, où l'on entendait la nuit le hurlement des loups, Georgine prit le goût de cette solitude, de cette tranquillité si favorable à la vie intime de l'âme, et qui fut, comme elle le dira elle-même, *la grande grâce de sa vie*.

Nous n'avons plus maintenant, dans ces temps agités que nous traversons, le bonheur paisible que goûtaient nos pères : les relations sociales se sont multipliées, et les sentiments ont perdu en profondeur ce qu'ils ont gagné en étendue ; la vapeur et l'électricité ont bouleversé le calme de cette existence d'autrefois. Alors on se contentait de quelques amitiés de voisinage ; au lieu du wagon public, on avait le véhicule plus ou moins suspendu, mais où l'on se blottissait en famille. Parfois même on s'en allait à cheval sous bois, jouissant des charmes d'une nature sauvage et pittoresque.

III

*Mariage. — Séjour à Beaupuy. — Les premières
préoccupations de la mère. — Une journée de
Madame de Tinguy.*

Novembre 1843. — Juillet 1855.

 vingt ans Georgine de Chabot fut mariée
au comte Louis de Tinguy, son cousin, le
14 novembre 1843, le même jour que sa
sœur Marie épousait M. de Moussac.

Quelque temps avant son mariage, elle écrit à
Léonie de Cornulier :

« 3 novembre 1843.

« J'ai été fort heureuse d'apprendre que tu étais de
retour d'Anjou, ma chère Léonie, car depuis quelques
jours je voulais t'écrire, et je ne savais où te prendre.
Je suis encore au Bois-Boissière, et j'y resterai le
plus longtemps possible, vu que je n'ai pas envie de
me montrer beaucoup à Nantes, avant le 14 novembre, qui est le jour fixé pour la grande action. J'y
serai cependant à la fin de la semaine prochaine. Ta

lettre m'a bien amusée et intéressée ; tout ce que tu me mandes est nouveau pour moi, excepté ta malice, qui m'est bien connue.

« Tu remercieras bien pour moi l'aimable cousine, qui a voulu tenir la plume et me procurer le plaisir de recevoir de tes nouvelles. Je suis désolée que tu aies mal aux yeux, chère amie, et je désire qu'il n'en soit plus question bientôt. Je voudrais bien que notre mariage pût te procurer quelques distractions.

« M. et Mme de Tinguy ont dit qu'ils voulaient donner un retour de noces ; je ne sais, mais je le souhaite pour celles qui aiment la danse. C'est un bruit très fondé que celui qui dit que nous nous marions le jour, le matin ; ce sera en effet vers dix ou onze heures du matin.

« Si cela t'amuse de savoir les cadeaux que j'ai reçus maintenant, tu sauras d'abord qu'un de mes oncles m'a donné un sucrier en argent avec pot au lait et la cafetière, une cuillère en vermeil pour les verres d'eau, etc. ; plusieurs objets de cette façon, et un beau bracelet émaillé et garni de perles fines ; je n'ai pas voulu d'autres bijoux. Une de mes tantes m'a donné une belle garniture de cheminée... J'en connais d'autres, mais, comme on ne me les a pas encore donnés, je ne puis pas t'en parler.

« Mon cousin n'est pas de retour de Paris ; je ne puis

donc pas non plus te parler de la corbeille ; mais j'espère mieux faire que cela, en te la montrant moi-même.

« Je ne conçois pas tes inquiétudes, ma bonne petite, lorsque tu me dis que tu as peur de me perdre tout à fait. Je serai plus près de toi que jamais ; et une grande raison pour moi, c'est que je ne quitte pas la Vendée. Je ne serai qu'à 7 ou 8 lieues de Montaigu ; Marie, qui va à 47 lieues de Nantes, c'est bien diffé-rent. Il est vrai qu'elle y passera quelques mois de l'hiver, mais aussi tout l'été je serai à ta proximité, et l'hiver il n'est pas dit que je ne vienne jamais voir mes amies.

« Tu peux être bien sûre, chère Léonie, que je ne t'oublierai jamais, et que ce sera toujours un grand plaisir pour moi de te voir en toute occasion.

« Comme tu dis fort bien, ma chère Léonie, j'ai assez d'occupations ; aussi je t'ai bien mal griffonné cette lettre pour tes pauvres yeux. Excuse-moi en faveur de l'intention, et reçois l'assurance des sentiments affectueux de

« Ta GEORGINE. »

Ce fut son grand-oncle, le vieux général de la Rochejaquelein — le glorieux balafré de la Moscowa — qui la conduisit à l'autel, à travers les antiques nefs de la cathédrale de Nantes. Bien rarement les arceaux

gothiques de la vieille église bretonne avaient abrité autant de loyauté, de bravoure chevaleresque et d'espérances joyeuses que ce jour-là ; car le sang de cette
race des Chabots, qui avait donné des seigneurs aux
pays de Rays et de Machecoul, n'était pas dégénéré,
et l'on est heureux, en ouvrant le livre d'heures aux
fermoirs d'or, à la reliure de velours blanc, que la
jeune épousée portait à l'autel, d'y lire les dates de
naissance, de baptême ; les noms de ses douze enfants, au-dessous desquels, hélas ! elle eut quatre fois
à écrire des dates funèbres.

Après son mariage, elle vint à Beaupuy qu'elle
ne devait plus quitter ; là, dans une solitude
profonde, elle se consacra tout entière à ses nouveaux
devoirs, unissant les joies délicates de la charité aux
joies non moins pures de la piété chrétienne.

Chaque matin elle se rendait à pied à Mouilleron,
pour se procurer le bonheur d'assister à la sainte
messe. Parfois le jour n'avait pas encore paru, le
chemin était sombre et désert ; la jeune châtelaine
avait pris l'habitude de se faire accompagner par
deux gros chiens, qui la suivaient fidèlement et
fidèlement l'attendaient à sa sortie de l'église.

Ces premières années s'écoulèrent dans la tranquillité
monotone d'une vie bien paisible, à peine de temps à
autre égayée et distraite par quelques visites faites à
ceux qu'elle aimait. C'est ainsi qu'elle écrit à son amie

d'enfance, Léonie de Cornulier, pour lui annoncer combien elle désire l'aller voir :

« Je n'entends plus parler de toi, chère petite Léonie, lui dit-elle, et pourtant ma pensée te suit en tout lieu, et voudrait deviner le séjour que tu habites.

« Cependant je pense, bonne petite, que tu es de retour au Boiscorbeau, puisque les courses sont terminées, et j'espère que tu voudras bien m'en donner avis, en m'assurant, pour ma tranquillité, que tu ne m'oublies pas.

« Notre intention est toujours d'aller offrir nos hommages à tes bons parents, et de passer près de toi quelques heureux instants ; mais je ne puis au juste t'en dire l'époque ; c'est plutôt toi-même qui en décideras ; j'ai entendu dire que tu allais avoir beaucoup de monde au Boiscorbeau, et je serais bien aise de savoir à quelle époque, afin de ne pas m'y rencontrer. Quand nous serons plus seules, nous pourrons causer à notre aise et jouir pleinement de la vie de famille.

« Tu sauras que j'ai vu, il y a huit jours, M. de l'Espinay, curé des Essarts ; j'ai eu beaucoup de plaisir à le revoir, d'autant mieux que je me souviens parfaitement qu'il a eu bien des fois la bonté de me faire jouer, quand j'étais toute petite. C'est au Parc que je l'ai vu.

« Si cela t'intéresse, je puis te dire que mon frère Auguste vient d'être reçu bachelier, après avoir été poliment épluché par dix examinateurs, dont Cousin et compagnie faisaient partie.

« Tu sais que Marie sera mère vers les premiers jours d'octobre ; si c'est une fille qu'elle a, elle se nommera Marie-Antoinette, et si c'est un petit garçon, Fernand.

« Elle nous donne toujours de bien bonnes nouvelles de sa santé.

« Parle-moi donc de ta cousine Marie, Madame de R. Pour ce qui me regarde, je n'ai rien de nouveau à t'apprendre.

« Au revoir, ma chère petite Léonie ; présente nos respects à Monsieur et à Madame de Cornulier, et reçois les tendres embrassements de

« Ta meilleure et plus dévouée amie,

« GEORGINE DE TINGUY.

« 14 août 44. »

Bientôt lui incombèrent à elle-même les lourds devoirs de la maternité. Le 12 juillet 1845 — *un samedi* — elle mit au monde une fille, qu'elle voulut nommer *Marie-Joseph,* unissant ainsi par une délicatesse touchante de sa pitié, sur le berceau de son premier enfant, les deux noms bénis et les deux protections puissantes que Dieu lui-même avait réunis au-dessus du berceau de Jésus. Ainsi elle consacrait

à Dieu, qui veut les prémices de toutes choses, le premier don de son amour, et Dieu, un jour, devait
agréer son offrande, en choisissant cette enfant comme
victime dans les austérités de la vie religieuse.

Ce n'est qu'après avoir ainsi mis en avant les chefs
de la Sainte-Famille, qu'elle pensa à elle-même, en
nommant son second enfant, — un fils qui vint au
monde le 5 juillet 1846 — Georges, comme elle-
même.

Nous transcrivons ici les pages où elle a écrit,
après les dates de son baptême et de son mariage, celles des naissances et des morts de ses douze
enfants. Il importe de conserver ces saintes archives
de la famille, livre d'or de l'amour et du dévouement
maternels.

CHATEAU DE BEAUPUY-VENDÉE.

Marie-Joseph de Tinguy ;
née le 12 juillet 1845,
un samedi, 4 heures du matin.

Georges-Henry de Tinguy ;
né le 15 juillet 1846,
un mercredi, 6 heures du matin ;
marié, le 27 juin 1870,
à Marie de la Roch...

Marie-Antoinette-Louise de Tinguy ;
née le 24 août 1847, à 1 heure du matin.

Henry-Marie de Tinguy ;
né le 12 septembre 1849,
un mercredi, à 1 h. 1/2 du matin.

. *Berthe-Elisabeth-Anne-Marie de Tinguy ;*
née le 24 janvier 1851,
mariée, le 14 janvier 1874,
à Théobald, marquis de Bejarry.

Marie-Clotilde de Tinguy ;
née le 14 juin 1852,
et décédée le 20 juin 1852,
âgée de six jours [1].

---

1. Ce fut le premier deuil. L'enfant fut inhumée dans le cimetière de Mouilleron. Ce coin de terre bénie, qui renfermait maintenant quelque chose de son cœur et de sa vie, devait l'attirer souvent. Elle y conduisit, à quelques années d'intervalle, trois autres de ses enfants, jusqu'au jour où elle vint elle-même rejoindre dans la mort ceux qu'elle avait si tendrement aimés dans la vie.

Charles-Raymond-Yves-Marie de Tinguy ;
né le 3 janvier 1854,
en Missillac, Loire-Inférieure.

Louis-Marie-Albert de Tinguy ;
né le 24 juillet 1856,
un jeudi, 5 heures du soir ;
décédé le 22 février 1863,
à 1 heure du matin, à Nantes.

Marie-Térèse-Louise de Tinguy ;
née le 7 mars 1858.

Joseph-Louis-Marie de Tinguy ;
né le 15 septembre 1863, à Beaupuy ;
à 5 h. 1/2 du soir, octave de la Nativité ;
baptisé le mercredi matin 16 septembre 1863.

Louise-Marie-Georgette de Tinguy ;
née le 12 mai 1865, à Beaupuy,
à 2 heures du matin, baptisée le même jour.

Marguerite-Marie de Tinguy ;
née à Beaupuy, le 8 juillet 1870 ;
décédée le 26 du même mois.

Il est besoin de quelques instants à peine pour transcrire ces lignes si brèves. Mais qui dira ce qu'il y a entre ces dates de tristesses, de craintes, de fatigues, de sacrifices et de larmes ? Depuis ce premier cri, qu'il faut apaiser et consoler — le 12 juillet 1845 — jusqu'à ce dernier soupir qu'il faut recevoir, jusqu'à ces yeux éteints qu'il faut fermer, jusqu'à ce petit cadavre froid et glacé qu'il faut déposer dans sa bière — le 26 juillet 1870 — Dieu seul a compté les multiples angoisses qui ont pressuré le cœur si tendre de cette mère.

Car les devoirs pénibles de la maternité, elle n'aimait pas à les partager ; et quand elle le pouvait, elle les gardait tous pour elle. Ecoutons ce qu'en a écrit une des femmes de chambre, qui l'a connue dans ces premières années :

« … Des souvenirs de sa bonté, j'en ai beaucoup de ce temps déjà si loin ! Je suis entrée à son service au mois de juin, avant la naissance de Mlle Térèse. Votre mère était encore toute jeune, paraissant encore plus jeune que son âge. Mais déjà elle avait une grande sagesse. Son intelligence dominait tout. Tous ceux qui l'approchaient l'aimaient, et lui portaient grand respect... Mes premières années, je jouissais sans comprendre, sans me rendre compte ; je m'amusais beaucoup avec tous vos petits frères qui m'aimaient bien. Votre mère animait les jeux ; elle les voulait : il fallait que tout son monde fût gai. Que de fois, après de joyeuses soirées, votre frère R. a été pris de grosses toux, qui faisaient craindre le croup ! Votre mère a passé sans les compter tant d'heures d'angoisses pour cet enfant, qui ne voulait pas se séparer de sa mère ; elle le tenait sur ses genoux. Un hiver, il fut plus malade d'un transport au cerveau ; je passai la nuit avec elle pour veiller le pauvre enfant, et cela que de fois elle l'a fait ! car elle ne confiait à personne le soin de ses malades.

« Pour Térèse, c'était de même : en naissant elle faillit mourir ; que de prières et de supplications à saint Joseph, pour qu'il lui conserve cette enfant !...

« Quand elle devait être mère, elle souffrait beaucoup de la chaleur : son caractère changeait : elle était moins patiente. Mais alors comme elle savait s'humilier et réparer ! Un soir, après une de ces journées de souffrances de tout genre, quand elle fut couchée, elle me prit les mains et me dit : « Ma pauvre enfant, j'ai été pour vous aujourd'hui comme un fagot d'épines. »

C'est dans cette même lettre, écrite avec une simplicité touchante, mais avec une délicatesse bien rare, que nous trouvons encore quelques détails concernant la piété de Mme de Tinguy à cette époque :

« ... Tous les soirs, après le coucher des enfants, son courrier écrit, elle m'appelait ; ensemble nous préparions la méditation, et faisions l'examen : souvent alors nous récitions de longues prières. Elle avait une grande dévotion au T. S. Sacrement, enviant le sort de l'institutrice de Mouilleron qui, de sa fenêtre, voyait la petite lampe du sanctuaire. Souvent elle récitait les litanies de Jésus solitaire. Un jour, lasse, je lui dis : « Mais Notre-Seigneur n'est pas solitaire, il a des milliers d'anges qui l'adorent.» Elle parut si affligée de ma réponse !!! — « Ah ! me dit-elle, cela est vrai ; mais ce n'est pas pour eux qu'il est au tabernacle. » — Aussi, depuis que je suis religieuse, sachant combien j'aime ma vocation, que de félicitations ne m'écrivait-elle pas !

« En tout ce qui touchait le culte, elle était minutieuse ; lors de son premier voyage à Gournava, elle visita la sacristie de la paroisse, prit note de tout ce qu'il fallait renouveler et l'envoya de suite à Nantes ; de même que des fournitures de tout genre pour les pauvres religieuses, pour faire travailler les enfants pauvres. Elle envoya du linge et ornement à un ancien précepteur de vos frères, curé près de Bordeaux. Jamais elle ne refusait l'aumône ; un hiver, elle se priva d'un foulard, afin d'en donner le prix aux pauvres. J'ai connu à Nantes un frère jésuite si modeste que jamais il ne regardait personne ; cela me faisait rire. Votre mère me dit : « Dites au frère que vous êtes à mon service. » Quand je le fis, ce n'était plus le même, il ne cessait de me dire : Ah ! quelle sainte ! Ah ! quelle bonne Dame ! Il me raconta qu'un jour à Poitiers, étant sacristain, il cassa un grand beau vase ; votre mère entendit le bruit de l'église, vint voir ce qui se passait et répara le dégât, en achetant un autre vase. Elle ne dit pas son nom ; le frère l'apprit par Mme Jules de Moussac, autre sainte et grande amie de Madame de Tinguy.

« Un jour, voyageant avec cette même amie, des Eaux-Bonnes à Lourdes, elle fit ce voyage la voiture fermée, avec des rideaux verts aux glaces, parce que M. Joseph de Moussac souffrait de la vue ; je vous dis cela, pour vous montrer son esprit d'abnégation pour tous. Elle m'en donna une grande marque, quand mourut mon père. On me fit savoir, au commencement de juillet, que mon père était mourant et refusait de se confesser ; immédiatement votre mère me fit partir pour Nantes ; presque chaque jour, elle écrivait, sachant ma peine de voir l'âme de mon bien-aimé père en tel danger, ne pouvant le décider ; elle m'envoya une médaille de saint Benoît, et priait papa de la recevoir de sa part. Mon père avait une grande confiance en elle ; il l'accepta, je la lui mis au cou ; il s'endormit, ce qu'il n'avait pu faire depuis bien des semaines, trois heures, pendant lesquelles je suppliai la divine Bonté ; il s'éveilla et me dit qu'il acceptait un confesseur. Je restai avec lui encore quelques jours. Sachant le grand travail qu'il y avait à Beaupuy, lui-même voulut que je retournasse ; il était heureux d'être reconcilié avec son Dieu ; mais dès que j'arrivai, votre mère ne me voulut pas. « Mon enfant, me disait-elle, votre place est près de votre père ; allez le consoler et l'assurer que vous ne serez jamais remplacée ; nous ferons comme nous pourrons. »

« Je restai jusqu'au 10 août ; c'était en pleines vacances.

« Si elle était bonne pour ses domestiques, elle était aussi fort sévère. Deux, en jouant à la cuisine, un soir, dirent assez haut pour qu'elle l'entendît, sortant de la chapelle : « Si Georgine nous entend ! » Cela suffit pour que le lendemain elle les prévînt qu'elles sortiraient. Trois domestiques furent accusés de mauvaise conduite, un sortit sur l'heure, les autres à la Saint Jean. Elle attendit pour éviter le scandale. Mais un autre, le bon vieux B..., ayant souffert un reproche immérité d'un membre de la famille, en fut tellement offensé qu'il se retira ; votre mère se rendit chez lui, avec tous vos petits frères, en promenade, et le ramena à son service, réparant devant tous l'injure qu'il avait reçue. Tout le monde avait de la vénération pour elle ; en voyage les conducteurs, les guides aux eaux, les domestiques d'hôtels. Elle était généreuse, non seulement d'argent, mais de sa personne, de bonnes paroles... Que de lettres a-t-elle écrites pour recommander ses protégés ! Pour moi, je n'ai senti ce qu'elle me valait que lorsque je l'ai quittée : avant, je jouissais, sans m'en rendre compte. Avant de partir, elle voulut que je fisse une retraite spirituelle au couvent, à Toulouse, où était votre sœur Mme M. de Sainte-Isabelle. Je ne pouvais penser à mon départ, je fondais en larmes. Le dernier matin nous nous évitions ; quand vint l'heure, votre père et elle me dirent tant de bonnes paroles pour me remercier, me promettant d'être toujours regardée comme des leurs. Votre mère me dit que sa bourse, sa maison et son cœur me seraient toujours ouverts ; vous savez comme elle me l'a montré. A Nantes, elle a été comme une mère, profitant de toute occasion pour me le témoigner. Un jour, à Paris, je lui dis que j'avais beaucoup de distractions à cause d'elle et de ses enfants. — « Oh ! ma petite Adeline, ne pensez à nous que pour nous recommander à Dieu. » — Des prières toujours, c'est ce qu'elle voulait, ce qu'elle estimait, me disait-elle. Et comme elle savait plaider la cause des pauvres ! si bien qu'elle avait pu décider votre père à se défaire de quelques chiens pour pouvoir donner du blé aux pauvres.

« Heureuse Madame, et vous, ma bien chérie enfant de la Très Sainte Vierge, vous avez, je l'espère, deux mères au ciel, qui veillent sur vous. Que Jésus soit toujours de vous et par vous le plus et le seul bien-aimé ! Je vous embrasse avec toute la grande tendresse que votre vénérée mère me permettait de lui témoigner. Aussi je vous continuerai toujours mes prières mes meilleures. Merci encore pour les chers précieux souvenirs. »

On peut juger combien une âme capable de pareils sentiments, et douée de cette exquise délicatesse, était digne d'être admise dans l'intimité de Mme de Tinguy, d'être choisie comme confidente des secrets de sa piété. Par ailleurs, il est facile de comprendre quelle vénération tendre, et quel saint respect, cette jeune fille portait à Madame de Tinguy. Ecoutons-la encore :

«... Pour moi, parler d'elle m'est bien doux, écrit-elle dans une autre lettre : je l'aimais comme ma mère ; elle m'a dit bien des fois de la regarder comme telle ; aussi je suis sûre que ma chère Madame me continue sa sainte amitié, et que du ciel, où je crois qu'elle a le bonheur d'être, elle me facilitera de faire heureusement la fin du voyage. Je ne puis me la figurer morte : non, pour moi, habituée, depuis de longues années, à lui parler par lettres, je continue à lui parler comme autrefois. C'est un avantage de la vie religieuse, à mon avis, de vivre plus avec les âmes de nos amis qu'avec ce qu'il y a d'humain en eux. »

Mais cette lettre, comme on le voit, écrite depuis la mort de Madame de Tinguy, parle du ciel et de la récompense; certes, de longues années devaient encore s'écouler avant ce terme tant souhaité de l'éternel repos et de la béatitude infinie.

Avant de poursuivre le récit de cette vie, où les douleurs vont se multipliant, complétons ces souvenirs par quelques détails sur l'emploi de ses journées, sur sa foi, sur sa charité, sur sa tendresse... etc... Les lignes qui vont suivre ont été écrites par l'une de ses filles ; si elles sont tout imprégnées de la délicatesse de son cœur affectueux, elles n'en sont pas moins l'expression fidèle des sentiments, des paroles et des actes de cette mère, si généreuse dans son dévouement, si sainte dans sa piété.

Puis, selon la pensée du P. Lacordaire, si « c'est la force de celui qui part de penser qu'il veillera sur ceux qui restent, *c'est la consolation de ceux qui demeurent de penser à celui qui est parti.* »

Une journée de ma chère mère

Dès l'aurore, à peine éveillée, elle prenait de l'eau bénite, faisant le signe de la croix sur son lit et sur elle, puis offrait son cœur, toutes ses actions au bon Dieu. Elle aimait adorer dès son réveil Notre-Seigneur, prisonnier dans le tabernacle. Aussitôt après ce cri du cœur, elle se levait, s'habillait seule, ayant hâte d'aller au chevet de ses enfants souvent malades.

Elle s'agenouillait sur son prie-Dieu, couvert d'un morceau de bure, aux armes du Carmel. Là, elle adorait Notre-Seigneur, et ne commençait jamais aucune prière, sans se mettre profondément en la présence de Dieu. Quand la Sainte Messe n'était pas célébrée dans sa chapelle, elle réunissait ses enfants dans sa chambre, disant tout haut la prière; et sa voix si douce, écho de son cœur si affectueux, prenait un ton sévère et grave, lorsqu'un enfant riait ou remuait... Jamais je n'oublierai avec quel ton elle nous disait, après une minute de profond silence : « Mon enfant, tu oublies à qui tu parles, pense à la grande action que tu fais; le bon Dieu est au milieu de nous, qui nous écoute, et voilà comme tu te conduis ! » — Puis elle continuait sa prière, inclinée et comme abîmée dans les sentiments d'humilité, d'adoration et d'amour. Elle nous faisait chaque matin une lecture méditée d'un quart d'heure, qu'elle aimait commenter tout haut; chacun devait à la fin dire ce qui l'avait frappé le plus pendant la lecture, et quelle pratique il prenait. On finissait par quelques prières et le *Souvenez-vous*.

Souvent on la dérangeait pendant ses prières. Dix fois elle quittait Dieu, dix fois elle reprenait son livre, après s'être agenouillée sur son prie-Dieu d'où elle voyait

son cher clocher ; s'excusant près de Notre-Seigneur
d'interrompre sa prière. Elle était très vive et active,
donnant dès le matin ses ordres, exerçant une grande
surveillance dans sa maison; commandant avec beaucoup de bonté; ordonnant des adoucissements, dès
qu'un domestique était souffrant, l'obligeant à se laisser
soigner par elle. Jamais elle ne restait sans rien faire,
travaillant, brodant pour les églises et pour sa chapelle ;
faisant de petites layettes pour les pauvres.....

Ses repas étaient sobres. Souvent elle déjeûnait à
peine, ayant des affaires ou quelque enfant malade ;
elle montait jusqu'à quatre fois pendant le repas lui porter
quelques primeurs, ou un plat de choix. Elle aimait
beaucoup la simplicité ; c'était pour elle un supplice de
se trouver à de grands dîners, de donner de la peine
aux domestiques ; souvent elle les aidait pour les soulager, dès qu'elle les voyait fatigués, ou pour leur
procurer le moyen d'assister à un office. Si elle avait un
instant dans le jour, elle sortait dans le jardin, ou dans
quelque allée solitaire, s'arrêtant pour écouter un
oiseau, « qui chantait les louanges du bon Dieu, »
disait-elle ; pour cueillir une fleur, aimant de préférence
les fleurettes simples des champs, les bruyères; puis
récitant son office, qu'elle savait presque par cœur en
latin ; elle finissait par son chapelet.

Lorsqu'elle était avec un de ses enfants, elle savait
s'oublier et laisser ses préoccupations, se mettant à sa
portée, chantant, l'amusant ; ou si l'enfant avait grandi,
parlant du devoir, de l'amour si grand, si généreux de

Notre-Seigneur ; le comparant dans une distance infinie, disait-elle, à son propre cœur, si heureux, si attendri, lorsqu'un de ses enfants avait pour elle la moindre prévenance ; oubliant dans un instant tous les torts qu'il aurait pu avoir envers elle.

Après chacune de ses promenades qui réconfortaient toujours son courage ; — les œuvres divines lui parlaient tant au cœur... — elle n'oubliait jamais la part du bon Dieu ; des fleurs fraîches ornaient continuellement son crucifix ; et dans les mains de Notre-Dame de Lourdes se fanaient chaque jour quelques fleurettes..... Saint Joseph, son grand refuge dans tous ses embarras, avait aussi un souvenir dans ces dons délicats de son cœur.

Elle aimait à faire donner aux pauvres, se réservant rarement la joie de donner elle-même ; ses enfants les plus jeunes étaient souvent ses auxiliaires, elle leur faisait porter, comme récompense du jeudi, des vêtements, du vin, de l'argent dans les villages, recommandant toujours une grande discrétion et priant de dissimuler aux yeux du voisin ce que l'on donnait à chacun.

Mais s'il y avait des peines à consoler, des âmes à ramener, rien ne l'arrêtait ; elle partait, souvent à pied, par de petits sentiers solitaires, évitant les grandes routes, égrenant son rosaire, disant un mot aimable à chacun, surtout aux enfants, à qui elle recommandait d'apprendre leurs prières ; aux vieillards, qu'elle vénérait et qui lui rappelaient son père aimé, dont elle ne parlait jamais sans pleurer.

Que de fois ma chère maman a ramené des personnes

à la piété par les attraits de sa charité, déterminant de pauvres malades à se confesser, leur parlant de tout cœur, leur serrant les mains.

Que de fois aussi je l'ai vue accompagner, le cierge et le chapelet à la main, le Saint Viatique ; envoyant d'avance quelqu'un ou allant elle-même orner la demeure du malade ; prêtant crucifix, cierges, linge, etc.; voulant que ses enfants prissent part à la cérémonie. Souvent de sa chapelle on portait le Saint Viatique aux villages voisins ; elle faisait jeter des fleurs là où le Saint Sacrement devait passer, et ses plus petits enfants étaient à genoux près de leur bonne. Lorsque, deux fois la semaine, on portait la Sainte Communion au R. P. Hicks, ses enfants accompagnaient le prêtre; et les plus petits étaient toujours sur le passage de Notre-Seigneur. Sa dernière course en voiture a eu pour but d'accompagner et de conduire un prêtre portant le Saint Viatique à un malade, très éloigné de l'église.

Elle était très fidèle à son angelus et à son office, ainsi qu'à la récitation des vêpres des morts.

La correspondance prenait beaucoup de son temps ; les affaires, les demandes de pauvres communautés....... toutes ses lettres contenaient quelques bonnes et saintes pensées.

Le soir, elle se prêtait à tous, jouant du piano ; avouant quelquefois qu'elle avait le cœur bien serré ; apprenant des cantiques, et aimant à nous les entendre chanter.

Elle faisait tout au monde pour assister aux offices de

sa paroisse, comprenant que les familles chrétiennes doivent donner le bon exemple en cela comme en toutes choses ; elle y allait souvent à pied si elle le pouvait ; il lui en a toujours coûté de commander un domestique.

A 8 heures, sans presque jamais manquer un soir, elle se traînait à la chapelle, parfois n'en pouvant plus, ayant la fièvre ou étant très enrhumée, afin de présider la prière ; commençant le chapelet et disant les Mystères. C'était pour elle une grande joie de voir ses fils dire l'un le chapelet, l'autre la prière, se réservant de faire la lecture pieuse.

Jamais elle ne se couchait sans s'être assurée que chacun était bien à sa place, n'ayant besoin de rien. Puis dans son fauteuil, sachant que tout son monde reposait, son cœur veillait..... D'abord elle écrivait, mettait ses papiers bien en ordre. Souvent j'étais admise à ces petites veillées saintes ; blottie près d'elle j'écoutais..... Nous arrangions la journée du lendemain, afin de l'assurer au Seigneur, prévoyant ce qu'il faudrait pour chacun. Son âme tendre craignait toujours d'être la cause de quelques tristesses pour ceux qui l'entouraient.....

Elle ne passait pas un soir sans lire un peu de Marie Lataste, ou des vies édifiantes ; puis nous préparions la méditation du lendemain, enfin nous nous séparions après une prière et un dernier bonsoir.

Elle venait ensuite se pencher sur le lit des plus jeunes, se retirant s'ils dormaient, ou les embrassant. Quelquefois, la veille d'une grande fête, elle nous faisait

une croix sur le front, nous disant du fond de l'âme :
« Que le bon Dieu te bénisse, te garde près de son
cœur ; » nous recommandant de donner notre cœur au
bon Dieu, d'adorer le Saint-Sacrement, seul dans son
tabernacle.

Souvent elle faisait l'*heure sainte* le jeudi de 10 à 11
heures... surtout lorsqu'elle avait des préoccupations et
pressentait une journée remplie de souffrances et de difficultés.

Puis jetant de l'eau bénite, comme le matin, remettant
son âme à Dieu, donnant un long souvenir à Notre-
Seigneur, elle s'endormait sur le divin cœur de Jésus.

IV

Premier séjour dans les Pyrénées. — Rencontre providentielle. — Henri Perreyve, Mgr Jaquemet. — La marquise de la Bretesche. — Lettre de son directeur. — Le comte de Chabot aux Eaux-Bonnes.

1855-1858.

Au mois de juillet 1855, la santé de Mme de Tinguy était ébranlée par la naissance de son septième enfant ; sa poitrine fragile était déchirée par une toux opiniâtre. Aussi son mari, ses oncles, ses frères, ses sœurs, l'engagèrent à consulter sérieusement le docteur, qui l'envoya aux Eaux-Bonnes. Elle partit le 10 juillet accompagnée d'un de ses frères, M. de Tinguy étant dans l'impossibilité de laisser Beaupuy.

« Je suis bien triste, écrit-elle, de quitter mes enfants pour un si long temps, et pour un si lointain pays. Je me recommande à vos bonnes prières. »

Elle demeure là-bas près de six semaines, semaines longues, bien longues à son amour inquiet.

« Je suis mieux, écrit-elle des Pyrénées, je suis même très bien maintenant, et mon docteur me donne congé mardi, 28 de ce mois. Jugez avec quel bonheur je vais reprendre le chemin de la Vendée !

« ... J'arriverai sans doute à Nantes le jeudi 30 août, par le train grande vitesse de Bordeaux. Je compte repartir dès le lendemain pour Beaupuy : il me tarde tant de revoir mes chers petits enfants ! »

Et cependant ce séjour dans les Pyrénées fit du bien à son corps et à son cœur.

Son âme, comme les âmes élevées, avait le sentiment très vif des beautés de cette nature, tour à tour majestueuse ou charmante, grandiose ou gracieuse ; comme les âmes pures, elle avait le tact exquis des choses de Dieu, qu'elle aimait à voir et qu'elle adorait dans ses créatures.

Un jour, raconte quelqu'un, nous suivions les lacets qui s'élèvent doucement dans la montagne : « Que Dieu est admirable dans les hauts lieux, » me dit-elle. Puis en même temps s'abaissant, elle cueillait une fleur au bord du sentier, et ajoutait : — Comme Il est grand dans les humbles ! »

De ces excursions, qu'elle aimait à faire surtout pour le délassement et la santé des autres, elle rapportait toujours quelque souvenir : tantôt une petite gerbe de fleurs sauvages, tantôt un bouquet de fraises empourprées, cueillies dans la mousse des sentiers. A son retour, elle les offrait aux chers malades, pour leur donner l'illusion des ascensions dans la montagne.

Elle éprouvait néanmoins ce vide du cœur creusé par l'absence des êtres aimés.

« ... Que n'êtes-vous là, chère L...! Mes promenades seraient douces et mon exil agréable. Nous avons quelquefois des couchers de soleil magnifiques ; les pics les plus élevés semblent tout en feu. De tous côtés des cascades, des torrents... »

Mais Dieu lui réservait surtout là une grâce, dont elle lui fut reconnaissante toute sa vie.

Un jour qu'elle priait dans la chapelle des Eaux, en proie à une de ces angoisses qui torturent l'âme, demandant à Notre-Seigneur la lumière dans cette obscurité, et l'apaisement de cette tempête furieuse, elle vit entrer un Père Carme déchaussé. Les costumes religieux étaient alors très rares en France, et Mme de Tinguy n'en avait jamais vu ; aussi éprouva-t-elle, à l'aspect de ce religieux, une impression si profonde et si entraînante que ce fut pour elle la réponse de Notre-Seigneur.

Presque en même temps, parut dans la chapelle l'évêque de Séez ; le saint religieux se hâta d'aller lui présenter ses hommages, et, en l'abordant, il se prosterna à deux genoux pour baiser les pieds du prélat. Cette scène l'émut jusqu'aux larmes ; et quand le religieux passa près d'elle, sans prendre garde à cette dame en prières, celle-ci se leva, le suivit à la sacristie et demanda à lui parler.

La Providence maternelle qui remuerait ciel et terre pour accomplir l'œuvre de la sanctification des âmes, avait, par une touche mystérieuse, conduit au pied des Pyrénées ce religieux, qui devait pendant trente ans diriger Mme de Tinguy dans les voies très hautes de l'amour de Jésus-Eucharistie.

Dès les premiers entretiens, elle comprit qu'elle avait trouvé un saint ; les conseils qu'elle en reçut calmèrent ses angoisses et eurent « *la plus heureuse influence sur toute sa vie.* »

Qui pourra dire en effet quels fruits suaves de résignation, de patience, de douceur inaltérable, la piété fit produire à ce cœur naturellement si délicat et si sensible, si aimant et si dévoué ?

Mme de Tinguy avait alors 32 ans. Déjà, comme toutes les âmes trop éprises d'idéal, à chaque illusion arrachée, elle avait senti un sillon plus profond se creuser dans son cœur. Ici-bas, en effet, chacun a sa part de douleur : c'est la loi mystérieuse de l'expiation. Mais les plus nobles cœurs sont ceux qui souffrent davantage, car autant d'élans, autant de meurtrissures.

« … Il y a des jours, écrira-t-elle elle-même plus tard, où je suis comme sur un buisson d'épines : chaque mouvement me torture pour ainsi dire, et chacun comme chaque chose me fait souffrir. » *(Lettres.)*

Ainsi Dieu l'éprouva souvent, et dans la partie la plus intime du cœur.

« Les parfums, a dit saint Grégoire le Grand, ne s'exhalent et n'embaument que lorsqu'on les jette aux flammes [1]. »

Aussi nous rencontrerons souvent désormais Mme de Tinguy aux prises avec les angoisses de toutes sortes : et plus d'une fois nous nous tairons avec respect devant ses douleurs.

Il en est de nos rêves détruits, de nos bonheurs renversés et brisés, comme des amis qui ne sont plus. Gardons-nous de soulever le voile qui les couvre, et de troubler par des paroles indiscrètes le silence et la solitude du sanctuaire, où ces chers trépassés reposent.

Ceux qui ont vu de près M^{mo} de Tinguy comprendront la réserve qui nous arrête au seuil de cette retraite intime de l'âme, où elle se réfugiait souvent,

1. « Aromata suam fragrantiam non nisi quum incenduntur expandunt. »

pour méditer devant Dieu et devant sa conscience certaines épreuves de sa vie. Du reste, la piété, l'amour de Notre-Seigneur, la beauté, la poésie des cérémonies religieuses, l'amour des siens, sa tendresse pour ses enfants, firent de cette âme une âme *pacifiée* et presque toujours heureuse.

C'est aux Eaux-Bonnes qu'elle rencontra Henri Perreyve ; « une âme avec une apparence de corps, un ange qui marche toujours les yeux au ciel, » disait-elle de lui plus tard.

Comme elle était bonne musicienne, et qu'elle avait une voix pure, d'un timbre fort agréable, elle se prêta avec la meilleure grâce du monde aux chants qu'il organisait pour la chapelle et pour les œuvres de charité [1].

---

1. Le 19 août 1855, Henri Perreyve écrivait, à ce sujet, la lettre suivante à un prêtre de ses amis, le saint abbé de la Boissière, aussi distingué par sa piété que par son esprit, et dont la maxime favorite était celle-ci :

« Abandonnons toute notre vie, tous nos travaux, tous nos sacrifices à Jésus-Christ, dût cet abandon absolu ne faire éviter qu'*un seul péché mortel.* »

« Les Eaux-Bonnes, 19 août 1855.

« Très cher Monsieur l'Abbé,

« Vous ne me croirez pas si je vous dis que je n'ai pas pu vous écrire plus tôt et cependant rien n'est plus vrai. Figurez-vous que M. l'aumônier des Eaux-Bonnes m'a chargé d'organiser un grand salut solennel pour le soir de l'Assomption. Or, ce qu'il a fallu de démarches, contre-marches, discussions, coups de chapeau aux uns et aux autres, est incroyable. Le moment venu, tout le monde a été très aimable, très complaisant et s'est exécuté de la meilleure

C'est ainsi qu'elle entendit pour la première fois, le 15 août, ce cantique si suave : « Prends mon cœur, le voilà, Vierge, ma bonne mère, » sur l'air des *Adieux* de Schubert.

Il est certaines heures de la vie où ce qui vient du dehors, les gaîtés du printemps, les gémissements de l'automne, un chant, une mélodie, une parole, est en harmonie si parfaite avec les dispositions de notre âme, que nous sommes remués jusqu'à l'intime de l'être, et que nous en gardons une impression ineffaçable.

Toute sa vie Mme de Tinguy conserva ce souvenir, et elle aimait souvent à chanter ce beau cantique, d'une mélancolie si touchante.

Douze fois elle devait se rendre aux Eaux-Bonnes, pour soutenir sa santé si frêle et si souvent ébranlée.

Dans ces divers séjours, elle entra en relations avec de grands prélats, Mgr Jaquemet, Mgr Plantier, Mgr Pie...

Elle conserva jusqu'à sa mort le récit que l'évêque de Nantes adressait à quelques amis plus intimes, sur la fin vraiment angélique de l'un de ses neveux, qui mourut à Valence en juillet 1857. Le père du pauvre

grâce. Je trouve que cette petite chapelle, illuminée aux chiffres de Marie, pleine de chants, de lumière, d'or et d'encens au milieu de ces roches, la nuit, au pied des neiges et des pins, ne devait pas faire un vilain effet... vue du ciel. »

malade, penché à son chevet, voyant ses lèvres remuer, lui demanda ce qu'il voulait. « Rien, répondit le saint enfant, le ciel! » Mgr Jaquemet racontait cette agonie en pleurant, et disait : « Je me reprocherais mes larmes, si Notre-Seigneur, le chef, le modèle des chrétiens et des évêques, n'avait aussi pleuré à la mort de celui qu'il aimait. »

Nous retrouverons ce vénérable prélat avec Mme de Tinguy, auprès du lit de souffrances d'une admirable jeune fille, quelques années après.

Du reste, la sainteté, la pureté de l'âme, la délicatesse du cœur, attiraient Mme de Tinguy, par cette loi des similitudes qui gouverne les relations des êtres ici-bas. Nous avons de l'année 1857 une lettre de Madame la marquise de la Bretesche, sa tante, la fondatrice des religieuses de Torfou. En la lisant, on verra que Mme de Tinguy avait le don de captiver la sympathie des saintes âmes, comme les âmes saintes gagnaient vite sa confiance et sa tendresse.

« J'ai été si profondément touchée, ma chérie, de ta bonne venue à Torfou, et je te l'ai si mal exprimé, que j'ai besoin de te dire, dès aujourd'hui, combien mon cœur en a été reconnaissant. Chère petite amie, tu es bien gentille, bien aimable, d'avoir gardé le souvenir de ta pauvre tante, qui t'aime bien tendrement, ainsi que ton cher petit troupeau, auquel elle s'intéresse si vivement. Je crains, on ne peut plus,

que ce trop rapide voyage t'ait beaucoup fatiguée, et
j'en aurais une bien profonde peine. Ton cher petit
écolier m'aura, j'espère, pardonné de t'avoir fait
arriver si tard, lorsque tu lui auras dit tout le bonheur
que tu m'as causé, ma chérie.

« Ah ! je prierai bien pour lui, pour ses chères
petites sœurs, dans ces jours de grâce (les fêtes de
Pâques) ; je demanderai toutes les bénédictions du
ciel pour eux, pour leur chère petite mère, dont ils
seront toujours, je l'espère, la plus douce consolation.

« On est si bien dans notre chapelle pour prier à
l'intention de ceux qu'on aime ! Aussi je m'y trouve
calme et heureuse, dans ce doux passe-temps. Que
le bon Dieu vous bénisse tous de plus en plus, mes
bons petits amis, et qu'il te donne une meilleure
santé, afin de pourvoir à tout avec activité ; qu'il
soutienne cette vigilance qui te dévore et dont tu as
tant besoin ; mais surtout, ma bonne amie, soigne
bien ta santé qui est si précieuse pour tous : je le
demande au bon Maître bien souvent avec instance,
et t'assure de nouveau de toute ma vive reconnaissance pour ton aimable visite ; et ne doute jamais,
ma chérie, de toute la tendresse de ta vieille tante
et amie,

« La M^{ise} DE LA B.,

« Sr MARIE-SAINTE-APOLLINE.

« Torfou, 11 mai 1857. »

Et tous ceux qui avaient le bonheur de pénétrer dans l'intimité de ce cœur droit, affectueux, tendre et dévoué, lui donnaient vite la même confiance et la même sympathie, en échange de son abandon tout filial.

« Vos feuilles d'ordinaire, lui écrivait son directeur de conscience, me *disent toute votre âme :* et c'est bien vous que j'entends encore. »

Qu'il soit permis de citer en partie cette lettre intime. Elle montrera, mieux que toute parole, quelle haute estime et quel tendre dévouement elle inspirait à ceux qu'avaient charmés les beautés de son âme et ses rares vertus.

« ... Ce tourbillon dans lequel il vous faut vivre parfois ne me désole pourtant pas trop : seulement *revenons, revenons* — « *redite ad cor.* » — Revenez, nous dit le Jésus, revenez à votre cœur. Parole si charmante et si vraie !

« Ne vous tourmentez pas outre mesure ; l'amour-propre, je crois, meurt un moment après notre dernier soupir ; toutefois faites-lui bonne guerre, mais sans tristesse et tout gaiement.

« ... Je tiens extrêmement à ce que vous vous portiez largement à faire tout le bien que Dieu vous demande.... et après, ...que vous vous preniez pour la plus petite des créatures formées à son image.

« Faites cela ; et vous en serez tout émerveillée.

« *Si scires*. Oh ! Samaritaine, si tu savais ; quel bien à s'humilier et se faire ainsi toute pauvrette aux pieds de son Dieu !

« Je vous ai dit déjà, je crois, que la sainte en vous et la prédestinée germerait de la mère, de l'épouse, de la maîtresse de maison... — Fondre le tout ensemble, au feu de la charité toute suave, et, s'il le faut, à celui du foyer de la tribulation... — Mais ce ne sera pas peu ; et le ciel est au bout.

« ... Vous ignorez que maintes fois le Sauveur Jésus, à qui rien n'est difficile, prend figure et forme et visage, et toute apparence de l'un de ses pauvres ; et tout ainsi se présente à vous. Il veut voir ce que vous ferez alors... De vous il attend, ou l'aumône, en vous tendant sa main, ou ce qui vaut mieux, mille fois mieux, de par la noble châtelaine, l'obole d'un simple regard et une bonne parole.

« Oh ! il est pourtant des âmes, et jeunes et vives comme la vôtre, lesquelles font cela ; et vous ???

« Alors, alors, et je vous le permets, soyez donc et tout cœur et tout âme.

« Je vais bien, trop bien ; je voudrais parfois mourir et m'en aller à mon Dieu.

« Oh! qu'il est bon de l'aimer !!!

« A Dieu, et en son Crucifié, souvenir et bénédiction.

« Bénédiction pour toute votre petite phalange. »

C'est sur les sommets les plus élevés de la perfection
que le guide de cette âme s'étudiait à la conduire. Tout
en la faisant s'appliquer aux choses vulgaires de la
vie, et sanctifier le terre à terre de chaque jour, il
l'appelait sans cesse sur les hauteurs.

« Avant tout, lui disait-il, soyez donc bien persuadée que rien n'est beau, que rien n'est grand,
noble et divin et aussi ravissant, suave et consolant,
comme de travailler, mais ardemment, à cette perfection que le très doux Jésus demande de nous.

« Pour cela, mettez-vous à concevoir en vous une
de ces volontés qui sont résolues à ne s'effrayer de
rien.

« Ne reculez pas devant le sacrifice, mais au contraire, une fois la détermination bien prise de ne
consentir nullement au péché, même véniel, jetez-
vous en avant ; et vous-même allez chercher le
sacrifice et l'immolation de toute vous-même : de
quelque part que cela vienne, Jésus se fera fidèle, et
pour vous très fort : et la terre ne vous manquera pas
sous les pieds ; croyez-le.

« *Omnia possibilia sunt credenti.* Quelles que soient
vos infidélités d'ailleurs et vos chutes, après chaque
faute, vite et gaiement, relevez-vous ; et continuant de
placer en votre Jésus confiance, confiance entière, absolue, sans réserve... quand même, allez en avant. Et je
vous le dis en vérité, peu de jours se passeront, et

déjà lumière se sera faite bien vive et toute consolante en vo're âme ; et tout vous sera possible.

« Etudiez-vous bien à vous rendre très petite à vos propres yeux, et puis à passer pour telle dans l'opinion des autres. Oh ! alors, vous vous sentirez heureuse... Les sommets orgueilleux des monts ne sont visités que par les orages, la foudre et les éclairs, et les eaux n'y peuvent rester. Au contraire, elles coulent abondamment dans les belles vallées, qui vont s'abaissant, s'humiliant sous la pluie des grâces. Et tandis que les hauteurs sont nues, décharnées, dépourvues... ces belles plaines et ces vallons sont merveilleusement vêtus de verdure, et de fruits et de fleurs, d'abondance et de vie. Allons ; comprenez bien cela.

« Gardez-vous de chercher beaucoup les douceurs et suavités. Il en est des consolations intérieures comme de notre ombre ; plus vous courrez après, plus elle vous fuira ; plus vous la fuyez, plus elle vous vient. Soyez donc à cet endroit généreuse, n'est-ce pas ? Permis à vous cependant de demander parfois *une petite gouttelette* à ce cher Jésus ; mais avec la pudique timidité d'une simple enfant, et seulement pour le mieux servir ensuite.

« Appliquez-vous à vous bien établir, avec votre cher Rédempteur, dans une vie toute d'intimité, de famille, de vraie cordialité. Notre-Seigneur aime beaucoup cela. Pour y parvenir plus facilement, traitez

avec *Lui* comme si vous l'aviez du matin au soir
tout personnellement avec vous, près de vous. — Oh !
qu'il fait bon l'aller chercher ainsi dans son cœur ;
et là, doucement et maintes fois, s'entretenir avec
Lui, dans ce langage de l'âme, qui touche si délicatement et fait tant de bien ! Je ne sais pas ce que sera le
ciel ; mais assurément je ne sais rien ici-bas de com-
parable à ce commerce intime et presque permanent
du cœur avec ce cher et tout bon Crucifié. Alors le
jour pour nous est plus beau, le soleil est plus brillant,
la nature et l'univers entier pour nous se transfigurent ;
et chaque jour nous avançons ainsi dans un nouveau
monde ; et ce sont des régions merveilleuses vraiment
de splendeur et de félicité. C'est l'horizon sans limites
et sans fin de Dieu. C'est Dieu lui-même. Notre âme
prélude ainsi à son bonheur et s'abreuve aux avant-
goûts des cieux. »

D'aucuns peut-être s'étonneront d'un pareil langage ;
mais n'oublions pas qu'il s'adresse à une âme d'élite,
qui demande à s'élever de plus en plus vers les hauteurs sereines de la piété, à une âme que les joies
vulgaires du monde ont trouvée dédaigneuse, à une
âme que la douleur a touchée, et qui cherche plus
haut le bonheur pur et les consolations vraies.

Néanmoins son sage directeur sait que la vie ordinaire est un composé de détails multiples, de devoirs
incessants, de sacrifices de tous les instants. Pris à

part, ces ennuis sont légers et passent inaperçus, mais dans leur ensemble ils forment un poids bien lourd ; semblables à cette foule d'impressions qui ont un retentissement vague mais douloureux au fond de notre être, et qui à certaines heures nous font souffrir d'un malaise indéfinissable. Il importait donc de descendre à la vie pratique ; et après avoir ouvert les regards de cette âme aux clartés de l'union mystique avec Notre-Seigneur, il fallait lui faire reporter sa vue sur les obligations de chaque jour.

« ... Dès le matin, aussitôt éveillée, lui dit-il, vos yeux à peine ouverts, votre premier mouvement sera le signe de la croix ; votre première pensée, la pensée de Notre-Seigneur Jésus-Christ ; votre premier sentiment, un acte d'offrande entière, absolue, de toute vous-même ; et votre première prière, *Souvenez-vous.*

« Votre méditation chaque soir.

« Du reste, et si vous voulez être ce que je désire si vivement, ce que veut Notre-Seigneur Jésus-Christ, tout le jour pour vous se fera comme une oraison continuelle et permanent entretien avec Jésus.

« La sainte messe entendue, sinon, lue chez vous ; et de suite après, si faire se peut, récitez une partie de l'office de la Très Sainte Vierge. Mon enfant, ce serait bien, si vous pouvez trouver temps et loisir pour cela.

« Tout le temps libre, ou à peu près, vous le devez consacrer à vos petits enfants. En général, beaucoup de travail et peu de lectures, mêmes pieuses ou simplement bonnes ; j'appelle travail, toute occupation vers un but déterminé.

« A midi environ (si faire se peut), seule en votre chambre, et trois à quatre minutes, vous repasserez par-devant Dieu comment s'est écoulée cette première partie du jour ; ce que vous avez fait pour votre âme et pour Dieu.

« Dans l'après-midi, terminez l'office de la sainte Vierge, et quelques grains de votre chapelet. A chacun de vos repas, vous ferez le sacrifice de quelque chose, fût-ce un rien, seulement une simple goutte d'eau en souvenir du calvaire.

« Dans la soirée, bien faire la lecture spirituelle. Pour cela, lire peu à la fois et bien, relire parfois, et relire encore ce qui vous aura fructueusement impressionnée. Prière courte, et le coucher comme ci-dessus votre lever.

« Et puis :

« Vous interdire avec la plus grande vigilance toute pensée, parole, etc., contraire et désavantageuse au prochain.

« Eviter les inutilités de visite et de conversation, quand cela se peut.

« Ne pas vous en rapporter entièrement à la confiance que peut mériter celle-ci, celle-là, relativement à vos enfants, mais voir fréquemment et contrôler vous-même.

« Faites la sainte communion le plus souvent que vous pourrez.

« Faire de la pensée, de la douce pensée de la mort, votre amie, votre société, votre compagne inséparable. »

La route était tracée d'une main sûre, et les conseils clairs et précis. Aussi Mme de Tinguy fit-elle dans cette voie des parfaits des progrès rapides.

Mais chez elle, la vertu avait des amabilités gracieuses et d'affectueuses expansions : dons naturels de son cœur aimant, rehaussés encore par cette douceur sereine, que donne aux âmes le commerce habituel avec Notre-Seigneur.

« Eaux-Bonnes, 15 juillet 1858.

« Savez-vous bien, chère Louisa, écrit-elle, que tout le monde se plaint de vous ? Quoi ! point de nouvelles de cette bonne petite Louisa, qu'on aime tant ! Savez-vous qui fait chorus avec moi ?... Devinez !... Eh bien, ce bon M. l'abbé L... qui loge au-dessus de notre tête et qui accompagne ici Mgr de Nantes. J'ai le bonheur de recevoir quelques petites visites de cet excellent abbé, qui me paraît un père véritable. Vous jugez si nous parlons de vous ; car saurait-on vous oublier lorsqu'on vous connaît ? Monseigneur est bien souffrant ; il est ici pour jusqu'à la fin du mois de juillet : vous voyez que vous avez le temps de nous donner un petit signe de vie.

« ... Ou êtes-vous en ce moment ? Vous êtes invisible et introuvable, écrit-on à quelqu'un que vous connaissez bien. Parlez-moi de vos projets ; je me figure que vous allez aux bains de mer avec Mme de la V. Offrez-lui mon souvenir bien affectueux, ainsi qu'à mon cousin et à votre charmant petit Henri. Tenez, je me suis laissé encore surprendre par la poste : je n'aurai que le temps de vous embrasser mille fois, comme je vous aime, c'est-à-dire de tout cœur.

« GEORGINE. »

Chaque année elle était obligée, pour maintenir sa pauvre santé, de recourir aux eaux. Au mois de mars 1858, elle avait donné le jour à une fille, qu'elle nomma Marie-Térèse ; Marie, parce qu'elle l'avait consacrée à la sainte Vierge dès avant sa naissance ; Térèse, en l'honneur de la grande réformatrice du Carmel, pour laquelle dès ce moment elle avait une pieuse dévotion. Les douleurs de la maternité l'avaient épuisée. Le médecin ne jugeait pas sa poitrine malade, il la trouvait au contraire excellente, mais fatiguée... besoin de repos, etc... « Dieu me le donnera s'il le veut, ajoutait Mme de Tinguy. Pensez à moi devant Lui ; pour moi, je ne saurais vous oublier dans aucune circonstance. »

Au milieu de ses souffrances, de ses préoccupations, de ses ennuis, elle ne perd rien de son calme. Parfois même la vivacité de son esprit moqueur et facilement espiègle, qui avait fait d'elle autrefois une pensionnaire un peu turbulente et railleuse, s'échappe en critiques spirituelles contre les travers de la mode. Ecoutons-la :

« Quelles toilettes incroyables, étonnantes, ébouriffantes, ridicules, impossibles ! Quelles études et critiques à faire ! C'est le passe-temps des eaux ! Si on voyait quelques belles *Madames* d'ici dans notre Vendée, on les prendrait pour folles... Se tromperait-on ??... Une, hier, était à cheval avec chapeau et pantalon d'homme en drap gris. Les tournures et habillements, et malheureusement le ton masculin, sont à l'ordre du jour. »

Cette année-là même elle eut le bonheur de voir arriver aux Eaux-Bonnes son vieux père, qu'elle aimait tant. « J'attends ici le 16, vendredi prochain, Adeline avec son mari et mon père ; ils viennent me retrouver et passer quinze jours avec moi : jugez quel bonheur !

Ce fut une grande joie pour son cœur affectueux ; ce fut aussi une douce jouissance pour ce bon vieillard, qui chérissait d'une tendre prédilection « *sa chère Georgine* ». Il conserva de ces quinze jours un souvenir toujours souriant, vers lequel il aimait à porter ses regards.

Trois ans plus tard, Mme de Tinguy étant retournée aux Eaux-Bonnes, il lui écrira :

« Je commence mal, car la main n'est pas si assurée pour toi que mon cœur, chère amie ; mais, bon gré mal gré, il faut qu'elle te remercie d'abord de ton exactitude à me donner des nouvelles de ton voyage, qui a été heureux, à la fatigue près. J'espère bien qu'après un peu de repos, il n'en sera plus question. Oui sans doute il y a loin : car s'il n'y avait que cent lieues, que l'on fait dans moins de dix heures quand on est bien placé, je n'hésiterais pas à aller te trouver, chère petite ; car je suis bien rétabli, autant que mon âge et mes infirmités peuvent me le permettre. L'eau me vient à la bouche, quand je pense aux dîners que nous faisions si gaiement, en petit comité, avec Henri et Adeline, et les promenades que nous faisions tous deux, proportionnées à nos forces, dans ces petites routes tortueuses et solitaires de la montagne. La promenade horizontale n'avait pas le même attrait pour nous. C'était le pis-aller lorsque le temps était mauvais. »

Le comte de Chabot, lorsqu'il écrivait cette lettre, avait quatre-vingt-deux ans.

Rien de plus touchant que l'expression spirituelle des sentiments de son cœur affectueux : nous reviendrons sur cette correspondance pour mieux faire voir la délicatesse de l'amitié qui unissait si intimement le père et la fille.

V

Pieux conseils. — Première retraite. — Jugement sévère sur elle-même. — Mortifications et discipline.

1859

 cette époque de la vie de Mme de Tinguy, ce qu'on remarque surtout, ce sont ses progrès dans la piété. Elle habite alors Poitiers plusieurs mois de l'année pour l'éducation de ses enfants, dont les uns sont chez les Pères Jésuites et les autres au Sacré-Cœur ; elle est unie d'une amitié toute sainte avec des âmes avides comme elle de monter toujours plus haut, Laure de Messey et Colette de Moussac.

Puis elle reçoit une direction suivie, dont il ne reste malheureusement que le souvenir et quelques débris ; extraits qu'elle a faits elle-même des lettres de son directeur, et que nous retrouvons à trente ans d'intervalle, comme on retrouve entre les feuillets d'un

6

livre une pauvre fleur desséchée, seule relique d'un bouquet parfumé qui n'est plus.

1859. Août.

J. M. J.

Pieux souvenirs, bonnes pensées

†... Un tabernacle de bois ou de marbre pour Notre-Seigneur, c'est bien froid !

† ... Mon secret est à moi.

† ... A qui de nous aimera le plus son Dieu...

† ... A Jésus donnons le gage le *plus touchant* de notre amour ; souffrir et pour Lui nous crucifier, nous renoncer, etc...

† ... Hâtons-nous ! à deux pas c'est le Ciel ! le bonheur sans mélange et sans fin... Jésus lui-même...

† ... Pauvre Jésus, il frappe à la porte ; il a bien faim, il a froid, qui donc lui ouvrira... la porte de son cœur ?... Oh ! Jésus, c'est moi, mais venez.

† ... Votre amour seul, O Jésus, pour moi et les miens... Que ceux que j'aime vous aiment, que tous nous vous aimions d'amour sans mesure, dans le temps et dans l'éternité. Amen.

† ... Vous donnez tant, ô Jésus! que vous rendre pour tant et tant ?...

† ... Oh ! le Ciel, le Ciel, où il n'y aura plus de séparation !...

† ... On peut tout donner à Jésus, *tout* n'excepte rien ; — même ce que nous devons recevoir après notre mort. Car... à *Qui* le donne-t-on ?...

† ... Permis aussi de demander une peine personnelle plutôt qu'une autre, pour la plus grande gloire de Dieu.

† ... Vous ne pouvez pas rester dans l'état où vous êtes !... Il vous faut descendre ou monter !... Que ceci est effrayant.

† ... L'aumône corporelle n'est que le moyen de faire l'aumône spirituelle.

Et cependant jusqu'à ce moment Mme de Tinguy n'avait pas encore eu le bonheur de faire une retraite : les occupations incessantes que lui demandaient l'éducation de ses enfants, les soins de sa maison, etc... tout cela l'avait empêchée de réaliser le pieux désir qu'elle avait depuis longtemps.

Au mois d'octobre 1859, étant allée conduire ses enfants à Poitiers, elle s'accorde huit jours d'un complet repos aux pieds de Notre-Seigneur. Elle commence sa retraite le quinze, sous la protection de sainte Térèse.

Elle a écrit ses méditations avec une onction, une suavité, et surtout avec un accent personnel vraiment touchant. Seule en face de son âme, éclairée par la grâce, elle distingue bien des défaillances, bien des lacunes dans sa vie. Sa responsabilité vis-à-vis de tous ceux qui l'entourent lui apparaît dans toute sa grandeur ; et cette grandeur l'effraie.

« Pour sauver son âme, s'écrie-t-elle, il faut aussi assurer le salut des âmes qui nous sont confiées. Et moi j'y songe si peu ! je suis si au-dessous de ma mission !... Elle est si étendue, si compliquée ! Et j'ai tant de répugnance à donner un bon conseil, à mes inférieurs par exemple. Je ne sais pas leur parler de Dieu. Je ne veille pas assez sur eux, je ne leur procure pas assez de moyens de salut. Je songe trop au bien-être matériel de mes enfants, et pas assez à l'éducation du cœur, au bien de leur chère petite âme. Je ne prie pas assez pour mon mari : je prie en tout temps et si peu et si mal !... Je me retire quand il survient des affaires à mon mari, parce que cela m'est extraordinairement pénible... J'ai tort. »

Comme on le voit, son jugement sur elle-même est sévère. On conçoit facilement que cette nature si ardente, cette imagination vive, ce goût délicat, cette âme poétique, plus faite pour rêver que pour agir, se trouvait mal à l'aise dans le terre à terre des devoirs quotidiens, et ceux qui l'ont connue plus tard peuvent juger quels efforts elle dut faire, pour en arriver à cette aménité, à cette douceur, à cette possession d'elle-même qui n'a presque jamais faibli.

Dans sa méditation sur les *Créatures* elle s'exprime ainsi :

« Toutes choses ont été créées pour l'homme, et combien de choses pour moi en particulier.

« Le ciel pur de la campagne, ce calme des champs; cette éducation chrétienne surtout, et jusqu'à ces bonnes croix que je sais, jusqu'à cette frêle santé, qui m'est précieuse (je le sens) : une meilleure et plus forte m'eût perdue. *Le bonheur ne m'aurait rien appris, la croix m'a si bien enseignée !* Un rang élevé, de la fortune ; quoique d'un ordre inférieur, ce sont encore des créatures que Jésus m'a données... J'ai beaucoup reçu, je dois beaucoup donner, et passer étrangère sur la terre, car les créatures sont pour l'homme et l'homme n'est que pour Dieu seul. L'usage des créatures est permis dans de justes bornes, mais la privation, la mortification possible est, je crois, bien utile, nécessaire même pour moi. J'ai horreur de me mortifier en toute chose. Je dois m'y appliquer d'autant plus : mortifier les affections pour n'avoir point d'entraves et arriver jusqu'à Lui. — Mortifier ses sens pour les conserver bien purs : cette vertu m'est chère ; pour l'avoir, il faut se mortifier, et alors il me sera donné, en lui présentant un cœur pur — puisque j'ai disposé de ce que je regretterai toujours — il me sera possible de comprendre les choses qui sont de l'esprit de Dieu.

« Je remarque que je puis, que je dois user de ma fortune pour vivre honorablement, mais surtout *pour en faire part aux pauvres, avec des sentiments purs et tout pleins de charité; sans ostentation, désir de popularité, vanité et autres tristes motifs.* En user pour rendre moins indigne la demeure de mon doux Seigneur. En user encore pour me construire une maison plus convenable à mes enfants qui grandissent, en y ménageant la meilleure place pour un pieux sanctuaire. Sans oublier de me servir de ma pauvre demeure actuelle pour remercier Dieu de m'avoir envoyé cette bonne humiliation, qui m'était si nécessaire.

« Je dois encore me servir de ma position, de mon influence, pour gagner des âmes à Jésus-Christ (malgré ma répugnance). Me servir du bien que je vois faire pour m'exciter à être moins lâche, du mal que j'entrevois, pour le déplorer, en gémir et l'éviter ; de mes fautes passées et présentes, pour m'humilier, et n'être que mille fois plus reconnaissante des grâces et des biens spirituels et temporels qui m'arrivent. »

Une de ses méditations les plus touchantes est celle où, dans une humilité profonde, elle se met aux lieu et place de Magdeleine :

« ... Me représenter Magdeleine aux pieds de Jésus, dans la maison de Simon.

« Faites, Seigneur, que je comprenne les sentiments de votre cœur adorable, si bon, si doux ; et que j'entre dans les sentiments du cœur de cette pauvre Magdeleine pénitente !

« D'abord, égarement de Magdeleine.

« Il y avait dans la ville une femme connue de tous comme « *pécheresse.* »

« ... Pauvre femme, elle a subi — et tant d'autres après elle ! — l'amour trompeur, faux, dévorant, amer, humiliant, dégradant, indigne de nous, des indignes créatures. Elle a traîné dans la honte cette noble faculté d'aimer... Que va-t-elle faire ? ... « Oh ! mon Jésus, vous n'êtes pas loin ; elle ira se jeter à vos pieds. »

Et elle termine ainsi cette méditation par ces sentiments que Notre-Seigneur dut agréer, en y voyant tant d'humilité et tant d'amour :

« ... Pauvre Magdeleine, ma sœur, comme après cette grâce (la justification), vous lui êtes fidèle : vous vous jetez à ses pieds dans la maison de Simon : vous êtes assise à ses pieds dans votre pauvre demeure : sur le calvaire, vous embrassez le pied de la croix de votre Jésus ; après la résurrection vous vous précipitez aux pieds de Jésus... Vous n'avez pas oublié que vous avez recouvré la paix, à ces pieds divins.

« Obtenez-moi de les baiser avec le même amour et la même confiance. Alors, prodige de miséricorde ! il me donnera place dans son cœur, où je veux demeurer pour le temps et l'éternité. Ainsi soit-il, ô mon Dieu !!! »

Il n'est pas étonnant qu'au sortir d'une retraite, où elle a vu clairement les besoins de son âme, elle ait pris les résolutions suivantes, si pratiques et si belles, qui sont écrites de la main de son directeur :

✝

J. M. J.

RÉSOLUTIONS PRATIQUES, POUR PROFITER DE LA RETRAITE

1° Méditation : une demi-heure tous les jours sur la passion de Notre-Seigneur Jésus-Christ, sauf les fêtes.

2° Examen particulier, sur la fidélité aux exercices de piété, *exactitude, attention.*

3° Coucher, de 9 heures à 9 heures et demie, et lever de 6 heures et demie à 7 heures.

4° Lecture spirituelle d'un quart d'heure (*Traité de la perfection chrétienne,* par Rodriguez).

5° Confession tous les huit jours. Communion, toutes les fois qu'il sera possible de se procurer ce bonheur.

6° Mortifications. — Mercredi et vendredi (ou deux fois par semaine).

✝ Discipl... Comme avant la retraite.

† Cili... Jeudi soir : 2 heures, en souvenir de l'agonie de Notre-Seigneur Jésus-Christ.

† Une offrande à chaque repas.

7° Retraite du mois.

« Si quelqu'un veut venir après moi, qu'il se *renonce soi-même, prenne sa croix et me suive !* »

† Dans les réprimandes à faire : *attendre que la première impression soit calmée :* différer jusqu'à un moment plus tranquille : mais NE PAS ABANDONNER la réprimande à faire.

† Observer l'ordre dans les dépenses : les noter chaque jour. Le dimanche, vérifier les comptes de la semaine.

Ces résolutions sont énergiques ; et plus d'un peut-être sera tenté de croire qu'elles demeurèrent lettre morte : certes il n'en fut pas ainsi ; et, pendant vingt-sept ans qu'elle vécut après cette retraite, tous ceux qui l'ont vue de près ont constaté avec quelle scrupuleuse exactitude elle a rempli tous ses devoirs de piété. Ils ont été témoins de son calme imperturbable, qui ne s'est jamais démenti « qu'une fois, » disait quelqu'un, « en face d'une indélicatesse grossière. Ce jour-là sa figure se contracta et pâlit ; et sans dire une parole à la personne qui l'offensait, Mme de Tinguy monta dans sa chambre, où elle éclata en amers reproches, pouvant à peine retenir ses larmes. » Ils savent aussi avec quelle régularité elle tenait le journal de ses dépenses et de ses bonnes œuvres. Mais ce qu'il n'ont pas tous vu, c'est la pratique des mortifications corporelles, qu'elle gardait le plus secrètes possible. Et pourtant, écoutons ce qu'en a dit une de ses anciennes femmes de chambre qui, par son dévouement, par sa sainteté, avait mérité son intimité et sa confiance. Elle écrit :

« ... Quand Monsieur G... fit son voyage en Chine, l'inquiétude de Mme de Tinguy était telle, pendant les orages, qu'elle ne cessait de prier toute la nuit... Que de chemins de croix les bras en croix !!! Une nuit j'entendis un bruit si étrange... — je couchais au-dessous de sa chambre ; — *elle se disciplinait, la chère Madame. Et que de fois le fit-elle dans la suite !* Quand je la priais de ne plus le faire, lui disant qu'elle avait tant à offrir d'autre part, elle me répondait : « Notre-Seigneur l'a tant été (flagellé) pour mes péchés ! » Elle paraissait si convaincue qu'elle méritait être traitée comme sainte Elisabeth, sa chère sainte, à qui elle avait alors tant de dévotion !!!

« Pour la discipline, peut-être avez-vous encore la boîte où la mettait votre mère : c'était une boîte carrée longue, qu'elle avait dans son armoire à linge... dessus il y avait des mouchoirs avec dentelle, dont elle ne se servait jamais... dans cette boîte elle conservait aussi une ceinture de crin... » (Lettre de sainte Balbine.)

Plus tard, comme nous le verrons, elle ajouta à

tous ces instruments de pénitence le bracelet de fer, qu'elle portait une heure par semaine. Vraiment on est saisi d'admiration devant cette jeune femme de trente-six ans, en la voyant ajouter aux fatigues et aux épuisements que lui ont apportés neuf fois les douleurs de la maternité, ces flagellations et ces déchirements de son corps délicat.

IV

*Lettre du comte de Chabot. — Le vicomte Alexandre
de Chabot.*

ETTE austérité pour elle-même n'enlève rien à son aménité pour ceux qui l'entourent. Nous avons dit un mot déjà de la tendresse de son père pour elle ; nous aimons à y revenir, afin de mieux montrer quelle place de choix ses belles qualités et ses aimables vertus lui avaient faite dans le cœur du comte de Chabot. Il écrivait souvent à cette fille bien-aimée, et dans des termes fins comme son esprit et délicats comme son cœur.

Qu'on nous permette de citer ici quelques-unes de ses lettres.

« 1er janvier 1861.

« Chère petite Georgine,

« Si ce n'était pas un usage immémorial de se souhaiter la bonne année tous les ans, en vérité pour les gens qui s'aiment comme nous, ce serait bien inutile. Car, comme tu le dis fort bien, chère amie, c'est tous les jours, à tous les moments de la vie, qu'on pense à ceux qu'on aime : le bonheur de l'un fait celui de l'autre ; tous les vœux sont réciproques : on n'en doute pas ; et malgré cela, on aime toujours à se l'entendre dire ; et on en saisit volontiers, et avec un nouveau plaisir, l'occasion. C'est ce qui a perpétué ce *vieux* usage.

« Voilà donc fini pour cette année 1860, mais je ne te tiens pas quitte de mes tendresses pour 1861, Dieu aidant...

« Adieu, ma chère petite fille : ménage bien ta santé pour le bonheur de tes chers enfants, et celui de tous ceux qui t'entourent, et en particulier de ton vieux père.

« CONSTANT. »

Quelques semaines après, Mme de Tinguy lui ayant écrit pour sa fête, il lui répond, en s'oubliant lui-même ce bon vieillard, et en se préoccupant de la santé de son enfant :

« Comment répondre dignement, chère fille bien-aimée, à des expressions si tendres de ta part ; si tu ne connaissais pas d'avance, et depuis longtemps, mes sentiments pour toi, en vérité j'y renoncerais ; mais ce qui me tranquillise, c'est que je suis persuadé que tu ne doutes pas de ma tendresse pour toi, et des vœux que je fais sans cesse pour ton bonheur, et surtout pour ta bonne santé. Je vais t'en donner la preuve. Tout ce que tu as fait pour moi, le jour de ma fête, tout ce que tu m'as dit de bon, de tendre, d'aimable dans ta lettre, m'allait droit au cœur. Eh bien ! ce qui m'a le plus touché, jusqu'à la *sensibilité,* c'est le *post scriptum,* où tu m'annonces que ta santé s'améliore.

« ... Je reçois une lettre d'Adeline ; elle est toute joyeuse de la santé de son mari qui va au mieux ; pauvre petite fille, elle a eu sa part de tribulations ; ainsi va le monde : notre vie se passe en joie et tristesse, plus souvent de la première que de la dernière ; mais nous devons remercier Dieu autant des unes que des autres, et tout accepter de sa main. »

Cette résignation douce et calme à la volonté adorable de Dieu paraît souvent dans cette correspondance.

En 1861, Mme de Tinguy perdit une institutrice qu'elle aimait et estimait beaucoup, Mlle A. Cette jeune fille, d'un grand tact et d'une volonté énergique, s'était montrée pour ses enfants comme une seconde mère, pour elle comme une amie dévouée, sur laquelle sa confiance entière pouvait se reposer. Ce fut donc un chagrin profond, dont elle fit part à son père en termes émus et désolés. M. de Chabot lui répond :

« Jeudi, 25 avril 1861.

« Oui, sans doute, chère petite Georgine, je prends bien part à ton affliction. C'est encore une de ces calamités qu'il te faut mettre au pied de la croix, comme tant d'autres, qu'il nous faut supporter dans cette triste vie. Heureux ceux qui comme toi, chère amie, prennent le parti de la résignation à la volonté divine : on n'en souffre pas moins, on en souffre moins longtemps...

« ... Je conçois qu'il sera difficile de remplacer Mlle A.; pour tes enfants, c'était une bonne, une seconde mère. Je suis fâché de n'avoir pas *sçu* ses projets pendant qu'elle était *icy :* je lui aurais dit : Allons, Mademoiselle, un peu de courage : vous êtes jeune, vous avez bien des années devant vous ; n'abandonnez pas une œuvre si bien commencée, et dont toute la famille vous a tant d'obligations, moi le premier ; encore deux ou trois ans, mes petits-enfants grandissent ; il y a des filles, qui viendront aider leur pauvre mère dans l'embarras ; vous connaissez son attachement pour vous : ce serait une charité dans ce moment, dont Dieu vous tiendrait compte...

« Tu vas à Nantes, chère petite ; ménage-toi, autant qu'on le peut dans ces maudites voitures publiques ; et bonne chance ! Tu as d'excellentes amies, entre autres surtout Mlle Priet ; j'ai dans mon idée que tu pourras trouver par son moyen quelqu'un qui te conviendra. En lui offrant mes civilités respectueuses, je la remercie d'avance de sa bonne volonté pour toi dans cette circonstance.

« ... Si Louis n'a pas changé d'avis, et qu'il soit près de toi — ce que j'espère — je le comprends dans toutes mes amitiés pour toi, et toute la petite famille. Je le prie d'en prendre sa part, mais non celle du lion.

« En attendant le plaisir de vous voir tous, je vous embrasse de tout mon vieux cœur, qui rajeunit quand il pense à vous.

« Ch^l. »

« Ton oncle se remet peu à peu, mais à notre âge, il faut longtemps pour se remettre de pareilles secousses. Pourvu qu'il ne lui en reste pas comme à moi un catarrhe chronique, qui est une souffrance continuelle, mais qui ne tue pas toujours : car voilà douze ans que je le supporte. S'il lui durait aussi longtemps qu'à moi, il aurait environ quatre-vingt-neuf ans, c'est bien suffisant. »

Cet oncle Alexandre, lui aussi, portait pour elle dans son cœur des sentiments d'une affection toute paternelle. C'était un homme des temps antiques que cet oncle Alexandre ; un homme dont la foi robuste, comme les vieux chênes de nos bocages, tenait au sol chrétien par de vigoureuses racines, et

résistait impassible à tous les souffles de l'impiété
moderne. C'est lui qui disait : « Le bon Dieu m'a
donné les biens de la fortune ; mais en vérité tout
cela ne me touche guère : je suis prêt à mourir. » Lui
encore qui fit cette belle réponse. Un matin il était à
l'Église, où il venait de communier : on accourt lui
annoncer tout à coup que le feu est dans la forêt du
Parc : « Qu'importe ! cela ne vaut pas un quart d'heure
d'actions de grâces perdu ! »

Pour montrer sa grandeur d'âme et sa foi vive,
citons seulement une lettre qu'il adressait à Mme de
Tinguy :

« Au Parc-Soubise, 10 novembre.

« Ma bonne et bien-aimée petite-nièce,

« Je suis bien sensible à l'intérêt que tu portes à
ma santé : elle est bonne — pour mon âge, s'entend —
car pour les petites misères, les petites souffrances, je
n'en manque pas. Mais Dieu le veut, et je dis tant
mieux ; elles m'empêchent d'oublier mon âge, d'oublier
que je dois être prêt à partir pour le dernier voyage.

« ... Je suis bien content des bonnes notes que tu
reçois de ton G. ; si je savais que mes prières pourraient lui être utiles, j'en ferais de bien longues et de
bien sincères : mais je te dirai franchement que j'ai
honte de prier pour les autres, connaissant mieux que
personne mon indignité et le besoin que j'ai de prières,

pour que Dieu me fasse la grâce de vaincre mille imperfections, qui compromettent mon salut, que je désire cependant bien faire.

« ... Adieu, ma chère amie : viens donc ici après notre retour, afin que je puisse t'assurer de vive voix de ce que je ne fais ici que par lettre : c'est de la *grande, grande, grande* amitié de ton vieil oncle,

« ALEX. DE CHABOT. »

Avec de pareils exemples devant les yeux, Mme de Tinguy devait conserver tout naturellement, pour ainsi dire, les sentiments de foi, de piété, d'amour pour Notre-Seigneur, de respect pour l'Eglise, de vénération pour le prêtre, les traditions domestiques, les pratiques religieuses qu'elle recevait de sa famille. On ne s'étonnera pas de ses efforts continuels pour sa propre sanctification, et l'on ne sera pas surpris non plus de voir avec quelle sollicitude, toujours en éveil, elle sauvegardait toutes les vertus baptismales dans l'âme de ses enfants.

« Je considère que toute mère chrétienne, écrit-elle à une amie résidant à Paris, devrait avoir ses enfants recommandés à Notre-Dame des Victoires. Et voyez, je ne l'ai point fait encore. Soyez donc assez aimable, chère amie, à votre première sortie, de prendre une voiture en mon nom et d'aller jusqu'à Notre-Dame des Victoires. — Là, vous prierez le directeur de l'Archiconfrérie de recommander instamment aux prières des associés une famille chrétienne, et surtout l'innocence de huit enfants...

« Ce lundi, 17 décembre 1860, à Beaupuy, seule au coin de mon feu, pendant que tous sont à la mission de Venansault. »

VII

ADAME DE TINGUY était alors intimement liée
avec une âme dont nous aurons l'occasion
de parler plus tard, Colette de Moussac ;
amitié pleine d'effusions, de confidences et de tendresse, tout embaumée par les parfums d'une suave
piété. Ensemble elles avaient des entretiens spirituels
d'une grande élévation ; ensemble, quand elles le pouvaient, elles se retiraient dans la retraite du mois ;
cette pratique si efficace pour recueillir les facultés
de l'âme, facilement éparses sur tous les chemins
d'ici-bas.

Nous avons-là, devant nous, une photographie
prise sur une toile de grand maître, représentant
sainte Anne qui enseigne, sous le regard des anges,
les Ecritures divines à Marie. Au verso sont écrites
ces paroles :

« Souvenir de notre première retraite du mois.

« A ma bien chère petite Georgine, 3 janvier 1860.

« Son amie, COLETTE. »

A la fin de cette même année, le 20 octobre, Mme de Tinguy fait une retraite de huit jours. Donnons seulement quelques extraits du cahier qu'*elle a laissé avec ce titre :*

QUELQUES PENSÉES QUI M'ONT FRAPPÉE

« O force des faibles, fortifiez ma volonté. Donnez-moi cette volonté constante, énergique, qui sait vouloir et exécuter. »

« Mon Seigneur Jésus, prenez mon cœur !!!

« — Mon enfant, m'aimez-vous plus que les autres ?

« — Seigneur, je veux rester à vos côtés ;... oui, j'irai partout où vous irez. »

« Celui qui nous a créés une fois, peut nous créer de nouveau ; ainsi ne doit-on pas dire : J'ai été infidèle, je ne puis pas me relever.

« Souffrir en priant, c'est s'unir à Notre-Seigneur Jésus-Christ dans la sainte oraison. »

A la suite de ces pieuses réflexions, se trouve un règlement particulier pour chaque jour, général pour le mois et l'année.

« Je continuerai toujours à faire cette petite prière, qui me réussit : « *Noverim te, noverim me.* » Seigneur, que je vous connaisse, pour vous aimer, c'est tout un ; que je me connaisse, pour me mépriser, m'abaisser sous les croix, me rendre bonne pour chacun, me réformer, me convertir ! »

Suivent quelques aspirations :

« Seigneur, donnez-moi de goûter combien il est doux de souffrir pour vous.

« Je veux bien le petit chemin de ronces et de cailloux, que vous m'avez montré, il y a cinq ans.

« Ne pas vouloir méditer sur la passion, quelle ingratitude !

« Pendant la retraite, j'ai un peu compris la valeur du temps, le prix d'une minute, et la nécessité de la prière !!! »

Ces haltes au milieu des agitations de la vie, Mme de Tinguy devait se les accorder désormais de temps en temps, pour reposer son âme et lui imprimer une impulsion nouvelle. Après ces retraites salutaires, on remarquait sa douceur inaltérable, son infatigable patience, son zèle et sa charité. Sa piété était plus vive, ses prières plus ferventes. Ainsi en est-il de chacun de nous. Si l'auteur de l'*Imitation* a pu dire avec un ancien : « Toutes les fois que je suis allé avec les hommes, j'en suis revenu moins homme que je n'étais, il a dit aussi : « Celui qui laisse à l'écart ceux qu'il connaît et ceux qu'il aime goûte l'intimité de Dieu et de ses saints anges [1]. Or quand Jésus est là, tout est bien ; rien n'est difficile [2]. »

Nous avons vu, et nous verrons encore que Mme de Tinguy allait à la recherche des saints, avec l'ardeur curieuse et passionnée d'un avare qui poursuit un trésor : et, quand une fois elle avait mis la main sur cette perle précieuse, elle faisait bien en sorte de ne plus la perdre, et elle ne la perdait plus ; car elle aimait ses amis avec cette partie la meilleure d'elle-même, avec le cœur de son âme, comme a dit quelqu'un.

« Il y a un goût dans la pure amitié, où ne peuvent atteindre ceux qui sont nés médiocres [3]. » Ce goût, Mme de Tinguy le possédait avec toutes ses délicatesses.

C'est ainsi qu'elle eut plusieurs amitiés saintes et sanctifiantes, au nombre desquelles il faut compter l'affection qui l'unissait à Laure de Messey : une âme déjà mûre pour le ciel à trente-trois ans, et qui s'envola de la terre avec l'âme de son dixième enfant. Sa

1. Liv. i, ch. xx.
2. *Id.* liv. ii, ch. xiii.
3. La Bruyère.

mort fut celle d'une prédestinée ; elle a été racontée à Mme de Tinguy, alors absente de Poitiers, par celui qui l'assista au dernier moment, et qui était leur directeur à toutes deux.

Mme de Tinguy conservait comme une relique le récit de cette touchante agonie, avec deux lettres de religieux, dont nous aurons l'occasion de parler.

A voir le pieux respect avec lequel elle gardait les moindres détails de ces morts si consolantes, de Laure de Messey, de Marie de Tilly, de Colette de Moussac, il semble qu'elle ait voulu graver dans son cœur chacune de ces circonstances, pour se préparer elle-même aux suprêmes adieux, sous l'influence de cette pensée de l'Écriture : « Que mon âme meure de la mort des justes. »

Mme de Tinguy en outre aimait à relire souvent les résolutions que Laure de Messey avait prises dans sa dernière retraite, le 4 août 1860. C'est là que cette jeune femme d'une foi vive, d'un cœur ardent, s'écriait :

« Mon Dieu, ne permettez pas que jamais j'oublie que je me suis offerte pour vous servir *d'une manière* spéciale ; que je vous ai *donné toute ma* volonté ; ne désirant ni la consolation ni l'épreuve : mais vous *abandonnant* tout, sans réserve aucune !...

« Oui, mon Dieu, je suis à vous tout entière ; et je

vous offre aussi ces enfants, que vous m'avez donnés : je vous offre leur père, vous priant de les combler tous de vos grâces les plus abondantes.

« O mon Jésus, vous acceptez mon offrande, n'est-ce pas ? et vous permettez à votre pauvre petite servante, qui désire tant vous prouver son amour, de demeurer toujours dans votre divin cœur.

« L. DE MESSEY,

« Enfant de Marie et servante de Jésus. »

Elle ne prévoyait pas que Dieu allait si pleinement et si tôt accepter son offrande ; et qu'un an après, elle habiterait pour l'éternité dans le cœur de son bien-aimé.

Au mois de mai suivant (1861), elle tombait malade d'une fluxion de poitrine. Ecoutons son directeur qui écrit à Mme de Tinguy :

†

J. M. J.

« 19 mai 1861.

« ... Priez pour Madame de Messey et pour ses enfants. Voilà encore une famille sur la croix. Cette bonne Laure est calme, sereine, dans une paix admirable, et cependant connaît bien sa position. La voilà prise depuis trois jours d'une fluxion de poitrine ; et on ne peut rien faire, elle est à son septième mois et son dixième enfant. La position est aussi grave que possible ; il n'y a guère d'espérance, ou plutôt, humainement parlant, il n'y en a point, il faut compter sur le bon Dieu et se soumettre à ses desseins impénétrables.

« Quand je considère ces petits enfants si nombreux, je crois qu'ils conserveront leur mère ; quand je considère la mère, je suis porté à croire que Dieu veut cueillir ce beau lis. Ce pauvre M. de Messey fait peine à voir... »

« 22 mai 1861.

« ... Madame de Messey est toujours en grand danger, et toujours aussi admirable de calme et de sérénité... Elle touche au ciel, et l'on se dit que pour elle, ce serait dommage de quitter le bienheureux port, où elle jette l'ancre, et de revenir encore en pleine mer. Cependant ses pauvres enfants qui pleurent ou sourient, selon leur âge !... Je ne veux pas dire quelle perte pour eux ; la foi ne me le permet pas..., mais enfin quel deuil ce serait !... Tout espoir n'est pas perdu ; non, mais peut-on espérer ?...

« La chère enfant me remerciait tout à l'heure avec un sourire céleste, en me promettant de penser à moi au ciel.. Je me suis retenu bien fort pour ne pas pleurer. Je lui ai donné le Saint Viatique hier, aujourd'hui l'Extrême-Onction. Si le cœur est dans les larmes, l'âme est bien consolée...

« Cette nuit, à une heure et demie, elle a eu, presque sans douleur (elle ne peut plus guère souffrir !) une petite fille, qui a vécu quatre à cinq heures. La mère est donc bien sûre d'avoir donné un petit ange au ciel ; elle est heureuse. C'était sa seule inquiétude, ces jours passés... Mais évidemment ce petit ange appelle sa mère. Madame de Messey et Mme du Vignaud (mère de Laure), sont admirablement soutenues par une grâce visible du bon Dieu ; je suis étonné de leur force. — Toute la maison est en larmes, chacun s'offrirait bien à mourir, pour conserver aux autres cet ange tutélaire...

« J'espère et n'espère point ; il est évident pour moi que, en la perdant, la famille gagne une protectrice, une mère auprès de Dieu ! une telle mère auprès de Dieu ! La foi nous dit assez quelle confiance cela doit donner ! mais c'est toujours un sacrifice sur la terre. — Mme d'Andigné, son intime amie, vient quelquefois pleurer auprès de moi ; personne ne sait comme moi le sacrifice qu'elle doit faire.

« Je me soulage, en vous envoyant ces quelques lignes — ce sont probablement les dernières sur une mère chrétienne ; ma prochaine lettre sera probablement sur une sainte, ayant accompli son douloureux pèlerinage.

« Il n'y aura alors de douleur qu'aux pauvres orphelins ! — Déjà elle est heureuse, bien heureuse ;

quand on la voit, on croit voir le ciel s'ouvrir tout près d'elle. »

« 23 et 24 mai 1861.

« Je viens de la quitter à la porte du ciel ! Je suis bien heureux de l'y avoir introduite. — Oui, je crois bien qu'elle y est allée tout droit. Quelle douce mort ! — mais aussi quel sacrifice pour le père et les petits enfants!... C'est une mort précieuse devant Dieu ; c'est aussi un bien grand vide pour toute la famille. Il me semble ressentir tous ces sacrifices à la fois, et je vous l'avoue, j'ai eu aussi besoin de pleurer.

« Je vous ai dit avec quelle joie et profond recueillement elle a reçu le Saint Viatique. Dès le premier jour, Laure ne fut plus à la terre, elle s'était préparée depuis longtemps à l'abandon complet, à l'immolation entière à la gloire de Dieu. Chaque jour elle voyait et bénissait ses enfants ; leur donnait quelques mots appropriés à chacun, mais, du reste, elle ne s'occupait plus de rien que d'être bien unie à son bien-aimé Jésus. Je ne puis mieux vous dire ce qu'a été cette rapide maladie qu'en la comparant à une retraite préparatoire au ciel...

« Elle parlait du ciel tout à son aise ; il semblait qu'elle y était déjà. Elle désirait beaucoup recevoir l'extrême-onction; aussi mercredi je lui dis : « Je ne veux pas vous laisser désirer plus longtemps ce sacre-

ment qui efface les péchés, ou les restes du péché,
qui prépare à accomplir le bon plaisir de Dieu, ou
en rendant la santé ou en fortifiant l'âme, pour aller
à Dieu. Vous ne voulez que ce que notre divin
Maître juge plus à propos pour sa gloire?... — « Oui,
votre bon plaisir, mon bon Jésus. » Et sa physionomie semblait s'illuminer de joie. C'est alors qu'elle
me promit de penser à moi dans le ciel. — Tout fut
préparé avec soin ; la petite table en forme d'autel,
ornée de fleurs. Tous les enfants étaient là, ainsi que
les domestiques, tous en larmes ; elle seule dans
un recueillement et une sérénité célestes. Après le
sacrement: « Mes enfants, dit-elle, le bon Dieu va
bientôt m'appeler à Lui... Je vous donne ma dernière
bénédiction. N'oubliez jamais les instructions que je
vous ai données... Mettez toute votre force en la
prière... Au ciel je veillerai sur vous, j'intercéderai
pour vous... » Elle avait déjà donné à chacun des avis
particuliers, même aux domestiques ; personne ne fut
oublié.

« Le soir, à 6 heures, elle baissa tout d'un coup,
on m'appela ; je trouvai la famille agenouillée ; on
venait de réciter les prières des agonisants.

« Elle me reconnut aussitôt ; je lui dis que j'allais lui
donner l'absolution, pour gagner l'indulgence plé-
nière à l'article de la mort... Elle se recueillit : « Je ne
trouve rien qui m'inquiète. » Abandonnez-vous au

cœur infiniment miséricordieux de Jésus, en lui demandant pardon pour le passé comme pour le présent... « Elle me fit le signe dont nous étions convenus pour chaque fois que je lui renouvellerais l'absolution.

« Nous récitâmes ensuite les prières des agonisants, qu'elle suivit avec une attention visible ; elle fit à la fin le signe de la croix, en même temps que nous.

« Peu après, je lui dis que nous allions réciter le chapelet à son intention ; et de sa main défaillante, elle chercha son chapelet qu'elle ne pouvait plus tenir ; on le lui mit dans la main. Je commençai ; tout le monde répondait à demi-voix. Par moment nous l'entendions balbutier quelques mots ; les voix baissaient pour écouter ; c'était exactement la réponse à l'*Ave Maria*, en même temps que nous.

Puis de temps en temps, je faisais quelques invocations, qu'elle répétait ; ou bien elle me faisait signe des yeux qu'elle me comprenait. Bientôt elle ne put plus répondre, on pouvait douter si elle conservait encore connaissance ; mais lorsqu'on lui présentait le crucifix à baiser, elle le faisait avec une effusion touchante. Tous les enfants vinrent s'agenouiller et lui baiser la main avec vénération ; on apporta même les deux plus jeunes, le petit Hilaire sur les bras. Quand ces neuf petits enfants furent là, aux pieds de leur sainte mère, je leur dis : « Mes chers enfants, votre mère ne peut plus vous bénir elle-même, mais je suis l'interprète de son cœur pour vous, c'est en son nom que je vais vous bénir... Votre mère est bien heureuse, tâchez de l'imiter et de la suivre. » On les fit retirer ; ils étouffaient dans leurs larmes, les trois aînés seuls restèrent. Il était neuf heures. — Bientôt le dernier râle commença ; nous priions, puis nous contemplions cette fin qui approchait ; la mort commençait, mais respectait sa douce victime.

« Laure s'éteignit un peu après dix heures et demie, à trente-trois ans. La famille était cruellement frappée, mais pleine de consolation ; il faisait bon prier là.

« Je conduirai les restes vénérés de Madame de Messey à la campagne ; je vais trouver une paroisse tout en larmes... »

Nous avons dit que Mme de Tinguy conservait, avec le récit de cette mort, une lettre où s'était épanché le trop-plein d'un cœur inondé d'amour pour Jésus-hostie. Elle était du P. Herman, l'auteur des cantiques que tout le monde connaît. Cette lettre, elle l'avait copiée plusieurs fois de sa main ; elle la faisait lire à tous ceux qu'elle jugeait capables de la comprendre ; et il se reflétait sur son visage une irradiation joyeuse, quand elle rencontrait un cœur grand comme son cœur, et vibrant à l'unisson du sien, sous le souffle impétueux du divin enthousiasme.

« Je lus à Marie de Tilly, a t-elle raconté elle-même,

une lettre toute brûlante d'amour pour Notre-Seigneur, écrite en mai dernier (1861) par un R. P.
Carme déchaussé (le P. Herman), à une des R. Mères
du Carmel de France. Elle la trouva si belle qu'elle
me pria de la lui laisser ; elle la lisait plusieurs fois
le jour, et se la faisait lire à chacune de mes visites [1]. »

†

J. M. J.

1. Pax Christi.
21 mai 1861.

Tout pour Jésus

Amour à Jésus-Hostie, dans le lieu de l'Esprit d'Amour qui
est le Dieu-Charité !

... Aidez-moi à aimer notre Jésus ! à lui rendre grâces ! à le
bénir ! à chanter ses louanges, à admirer ses ineffables beautés !
Dites-lui que je veux l'aimer ! que je languis loin de Lui ! Oui,
aimer Jésus ! manger Jésus ! boire Jésus ! s'enivrer de Jésus !
voilà la vie délicieuse qui nous est échue, surtout au Carmel !
C'est là surtout que Jésus se donne, se communique, se révèle
aux âmes. Oh ! vive le Carmel ! J'y ai trouvé des âmes qui aiment
Jésus, comme je l'avais rêvé pour moi-même. J'avais espéré que
je l'aimerais comme cela ! avec cette ardeur, cette générosité, cet
héroïsme de tous les instants, par des sacrifices incessants, par
une immolation perpétuelle ! Mais, hélas ! je suis resté bien en
arrière de tout cela. Du moins puis-je me consoler, en le voyant
aimé par certaines âmes, comme j'aurais voulu le faire... Oh !
comme c'est beau un cœur qui aime Jésus au Carmel !... J'ai vu
un Carmel, qui ne laisse rien à désirer, même si on le compare à
ceux qui furent fondés par notre séraphique Mère ! Cela fait du
bien à l'âme de connaître ces mystères d'amour réalisés, vivants,
agissant, croissant chaque jour en perfection, s'avançant à chaque
instant plus avant dans le cœur adorable de notre doux Maître.

Mais je m'oublie de prolonger ainsi cet entretien ! Oh! ma R.
Mère, aimons Jésus ! Jésus est si bon ! oh ! comme il est bon,

Une autre lettre d'un jeune trappiste, Frère Marie-Bernard, lettre où pétillait la même flamme d'enthousiasme pour l'hôte bien-aimé de nos tabernacles, était jointe à celle du P. Herman. Mme de Tinguy recueillait un à un tous ces pieux débris du passé ; soigneusement elle les avait déposés à l'abri de tout profane regard. Aux heures de solitude et d'ennui, il lui était doux de se retirer dans ce sanctuaire intime, pour faire revivre quelques-unes de ces joies, les plus pures de sa vie, comme on aime à s'agenouiller devant un reliquaire précieux, qui renferme de chers et vénérés souvenirs.

Là encore elle conservait le récit des derniers jours de Marie de Tilly.

généreux, patient, enivrant, ce tendre Jésus ! Immolons-nous pour Lui ! Donnons-lui tout, cœur et esprit, corps et âme, volonté, jugement, projets, plans, espérances, honneur, réputation, affection, tout, tout, tout à Jésus ! à Jésus-Amour ! qui nous a aimés jusqu'à la folie, et dont je voudrais être *fou d'amour !* afin de pouvoir chanter comme François d'Assise : L'amour m'a mis dans un foyer, dans un feu d'amour ! Et avec notre Mère séraphique, Thérèse de Jésus : Je me meurs de ne pas mourir pour être avec Jésus, et pour ne plus le perdre, mais pour le posséder dans sa plénitude toujours, pour me plonger et me perdre et m'abîmer en Lui, pour devenir moi-même JÉSUS EN LUI.

Et pour me rassasier et me désaltérer pendant toute l'éternité dans la plénitude et la surabondance infinie de mon Jésus et dans les torrents de sa volupté divine !

C'est en Jésus, Marie et Joseph que je suis votre pauvre petit frère bien indigne,

F. A. M., du T. S^t S^t.,
Carme déchaussé.

C'est au mois de juillet 1861, aux Eaux-Bonnes,
qu'elle rencontra Marie de Tilly, qui mourait d'une
maladie de poitrine à vingt-deux ans. Elle-même a
raconté dans des pages émues les douces impressions
qu'elle ressentit au contact de cette âme, dont les élans
l'emportaient bien haut, par delà notre atmosphère
froide et enténébrée.

« Les récits qu'on va lire, a dit Mgr Jaquemet,
évêque de Nantes (préface), ont été écrits à ma prière ;
l'un aux Eaux-Bonnes par une parente de Marie de
Tilly, capable et digne comme on le verra d'apprécier sa vertu ; l'autre après sa mort par celle-là
même qui l'a le mieux connue, qui s'est le plus iden-
tifiée avec elle ; par sa mère, qui a trouvé, en retraçant
à travers ses larmes des souvenirs remontant à la
première enfance de sa fille, une consolation digne
d'une vraie chrétienne. »

Cette parente, dont parle ici Monseigneur de
Nantes, était Mme de Tinguy. Qu'on juge combien
disait vrai le pieux prélat :

« Eaux-Bonnes, juillet 1861.

« Dès le premier instant où je vis Marie de Tilly, je
me sentis attirée vers elle par un charme irrésistible.
Je crois que tous ceux qui ont eu le bonheur de l'approcher, ont ressenti ce doux attrait, ce parfum de
vertu, qui la rendait si attachante. Une joie céleste

était répandue sur son visage, et une parfaite et suave charité dirigeait tellement toutes ses actions et toutes ses paroles, qu'il était impossible de ne pas s'attacher à elle aussitôt qu'on l'avait vue.

« Le premier jour où elle me fit la confidence de ses pensées fut le 2 juillet, la seconde fois que je la voyais.

— « Oh ! dites-moi, me fit-elle de son air le plus suppliant, dites-moi donc si on croit que je vais bientôt mourir ?... J'ai pensé dès hier que ce serait vous, chère amie, qui me rendriez ce service. Oh ! si vous saviez combien je désire mourir : rien ne me fait autant de plaisir que lorsque j'aperçois un symptôme de fin prochaine. Je m'y rattache comme d'autres à la vie.

« Je lui répondis que je n'avais pas demandé aux docteurs ce qu'ils pensaient de son état — c'était vrai. — Je savais cependant qu'ils ne conservaient plus d'espoir ; mais je n'osais le lui dire alors, craignant de lui faire éprouver une émotion trop forte.

« A partir de ce moment nous ne parlâmes plus que du bonheur de mourir, et des joies du ciel.

« Mais Marie, lui disais-je, si vous étiez prise d'un fort vomissement de sang, vous seriez bien un peu effrayée !... — « Moi !!! oh ! je serais si contente, si heureuse !... Un bon vomissement de sang, et mourir au bout, quel bonheur ! Mon Dieu, quel bonheur ! »

« Et ses grands yeux brillaient d'une joie si céleste que je n'osais plus y fixer les miens.

« ... Le 8 ou 9 juillet, elle vit Monseigneur l'évêque de Nantes. C'était le soir.

« Lorsque le lendemain matin j'arrivai près d'elle, elle me prit entre ses bras avec de vifs transports de joie, et me dit : « Oh ! je suis heureuse, chère Georgine, trop heureuse ! Monseigneur m'a dit que je pouvais désirer mourir, m'abandonner à ce bonheur de mourir : depuis cette heure, je suis à moitié folle. »

« ... Après la seconde visite de Monseigneur, elle me dit : « Que Monseigneur est bon pour moi ! quelle condescendance ! il me bénit, me fait baiser son anneau. Il me fait tant de bien !... Et puis je vais vous confier quelque chose pour vous seule... Vous savez bien ce dont nous avons parlé... mes vœux !... Oui, Monseigneur m'a parlé de faire mes vœux : il est supérieur du monastère du Carmel de Nantes, il me fera faire mes vœux.»

« Et sa main serrait la mienne avec transport. — (Avec quel bonheur je baisais *cette main !*)

« Elle disait souvent combien elle était heureuse de mourir vierge : elle m'avoua qu'elle avait fait vœu de chasteté depuis trois ans... *A l'époque de sa conversion.*

— « Où étiez-vous alors, chère Marie ?

— « Oh ! je vais vous le dire... personne ne l'a

jamais su. C'était au bord de la mer (à la Bernerie),
je fis une retraite avec confession générale, et je pro-
mis à Dieu d'être à Lui sans partage ; rien au monde
ne m'eût jamais fait changer.

« Jusque-là j'avais vécu dans la crainte : je plains
ceux qui craignent ; c'est une rude épreuve. Mais
depuis trois ans, la confiance a remplacé la crainte.

« J'ai lu quelque part que les vierges suivront
l'agneau partout où il ira : quel bonheur !... et qu'elles
chanteront un cantique que nul autre ne saura dire.
Oh ! qu'il me tarde de les aller rejoindre ! »

« Elle me répéta aussi cette parole, qu'elle avait dite
naguère à quelqu'un qui lui souhaitait du courage...

« Oh ! il en faut... pour vivre, mais pas pour
mourir. »

« ... Ayant entendu lire la guérison d'une jeune
poitrinaire par l'intercession de Louis-Joseph Guérin,
elle me dit : « *Comprend-on* que ce bon petit saint, si
heureux d'aller jeune au ciel, retarde le bonheur des
autres ? »

« Pressée par ses vives instances, un matin, je lui
dis que les médecins ne conservaient plus l'espoir de la
guérir : sa joie fut si grande qu'elle éclata par les plus
vifs transports : elle faillit m'étouffer sous ses caresses :
elle me serrait dans ses bras, me baisait les mains,
malgré ma confusion, et me disait : « Oh ! que je
vous remercie ! Quel bien vous me faites !... Mais vous

allez me rendre folle tout à fait!... Est-ce bien sûr?... Dites-le-moi encore!... Il fallait le lui répéter ; l'assurance lui en était si douce!...

« Nous avions placé au pied de son lit une image de Notre-Seigneur montrant son cœur.

— « Depuis qu'il est là, dit-elle, je ne regarde que Lui. »

« Auparavant elle aimait à voir les nuages, le ciel bleu ; elle avait fait changer son lit de place, pour apercevoir le ciel ; car alors son regard avide plongeait par delà l'espace, et son cœur aimait à y trouver son unique trésor.

« Parlant de la possibilité de sa mort en route, lorsqu'il s'agit de retourner à Nantes, et pensant à sa mère, à son pauvre père, il m'échappa de dire : « Quel malheur si vous mouriez pendant le voyage!!! »

« Elle se redressa sur son lit et d'un air de doux reproche, elle me dit :

— « Comment, c'est vous qui me dites cela!...Oh!!!»

« J'eus grand besoin de m'excuser et de lui expliquer ma pensée.

« Elle me dit qu'elle avait donné à Notre-Seigneur tout ce qu'elle pourrait gagner d'indulgences, et tout ce qui pouvait lui appartenir, afin qu'il en disposât selon son bon plaisir.

— « Je ne savais pas, me dit-elle, que cela pût se faire, mais je l'avais fait. »

« En parlant des âmes du purgatoire, « je les aime bien, mais je ne les plains pas trop, car elles sont sûres du ciel ; mais les pauvres pécheurs, ceux qui ne connaissent pas Dieu, qui ne l'aiment pas, qui ne le verront jamais... Oh ! comme j'aime *mes* pauvres pécheurs !... J'ai bien le désir de mourir : je n'y tiens plus... Cependant une chose me fait supporter la vie... C'est de *souffrir* pour *mes* pauvres pécheurs. »

« Et quelles souffrances !!!...

« A voir son angélique et délicieux visage, toujours souriant et radieux, un étranger eût dit : « Quelle douce mort !!!

« La veille de son départ elle me dit : « Oh ! si vous saviez comme je suis heureuse de recevoir l'extrême-onction : j'aurai tout ce qu'il faut pour le voyage. Si c'était seulement le grand voyage !!! »

— « Je crains beaucoup, disait-elle encore, que ma mère ne m'entende tousser. Pauvre mère, cela lui fait tant de mal ! Elle désirerait me voir guérir. Et moi qui voudrais au contraire qu'elle fût contente de ma mort ; *je voudrais la voir s'en réjouir.* »

— « Priez pour cela, ma chère Marie, lui dis-je... offrez le sacrifice de quelques-unes de vos joies, pour que votre pieuse mère se réjouisse de votre mort. »

— « C'est vrai, je vais le faire. »

— « Peu d'heures après en effet sa bonne mère avait consommé héroïquement ce sacrifice ; *elle surabon-*

dait de joie, le bon Dieu avait « *retourné* » son cœur, nous disait-elle. « Elle aimait trop sa fille pour la redemander au ciel... Elle la voyait avec joie et d'ineffables consolations entrer dans l'ordre du Carmel, et cheminer vers les cieux : tous ses vœux étaient accomplis. »

« Et nous ne savions plus laquelle admirer davantage, la fille d'une telle mère ou la mère d'une telle fille.

« Béni soit Dieu, Notre-Seigneur Jésus-Christ qui m'a permis, quoique bien indigne, d'admirer pendant quelques-uns des jours de mon pèlerinage, les miracles de sa grâce toute-puissante, la suavité et la force de son amour, et la bonté infinie de son cœur adorable !...

« La pauvre enfant put revenir à Nantes.

« ... Lorsque je la revis au mois de septembre, continue Mme de Tinguy, elle me dit qu'elle consentirait bien à rester en purgatoire jusqu'à la fin du monde pour obtenir la conversion d'une seule âme. Et avec une joie extrême, elle m'apprit qu'elle avait obtenu la faveur d'être enterrée comme les pauvres, et dans le modeste enclos des Carmélites, avec une simple croix de bois. « *Une tombe de pierre,* me dit-elle, *c'est trop beau pour une carmélite !* »

« ... J'étais navrée de la voir tant souffrir ; elle n'avait plus de position ; impossible de rester couchée : elle suffoquait ; elle se faisait poser dans un fauteuil : « Pour changer ses meurtrissures, » disait-elle en souriant. Elle avait un œil bien malade, ses os étaient devenus flexibles, ses crises de toux nous déchiraient le cœur ; et pourtant, jamais pendant cette agonie de trois mois, on n'entendit une plainte ; jamais un soupir de douleur ne s'échappa de ses lèvres.

« Tu souffres beaucoup, ma bien-aimée ! lui dit un jour sa mère, qui la voyait plus suffoquée que de coutume. » — « Ne dit-on pas, ma petite mère, reprit-elle agréablement, qu'il faut souffrir pour être belle ? *Eh bien, il faut souffrir pour être belle là-haut !* »

« Les cinq dernières heures de son agonie ont été terribles : jamais les petites sœurs de l'Espérance n'avaient vu tant souffrir. Elle semblait souffrir les douleurs de Notre-Seigneur agonisant sur la croix : aux pieds, aux mains, à la tête...

« Les dernières paroles qu'on entendit sortir de la bouche de cette amante de Jésus, de cette émule de sainte Térèse, sont bien dignes de cette mère, que Marie de Tilly s'était choisie au ciel : « *Souffrir, souffrir* encore pour la conversion des pauvres pécheurs ! »

« Elle m'avait dit un jour, aux Pyrénées, que c'était pour elle une vraie consolation d'offrir à Notre-Seigneur tous les battements de son cœur, car *eux au moins ils ne s'arrêtent jamais.* »

Si ce cœur ne palpitait plus sur la terre, son âme

était au ciel bien vivante et bien radieuse. C'était l'intime conviction de Mme de Tinguy, qui termine par ces lignes, où elle se trahit peut-être elle-même :

« Je sais une âme qui vint prier près de sa dépouille mortelle et qui obtint l'objet de ses demandes ; qui reçut de Notre-Seigneur par l'intercession de sa fiancée les grâces les plus précieuses. »

Elle avait conservé de cette vision de quelques jours un souvenir impérissable. Toutes les fois qu'elle en trouvait l'occasion, il lui était doux de rappeler les paroles de cette angélique jeune fille, les sentiments tout célestes de sa vie et de sa mort. Dans sa chambre, au milieu de toutes les chères reliques de l'amitié, que la main de la mort réunissait d'année en année autour de son cœur, une photographie de sa jeune amie malade, une autre de sa pauvre martyre mourante, avaient une place d'honneur. Le volume où elle-même et Mme de Tilly avaient fixé leurs touchants souvenirs, elle aimait à le prêter, à le faire lire et relire autour d'elle.

Il est à présumer que la mémoire de cette jeune fleur du Carmel ne fut pas étrangère à la démarche qu'elle fit elle-même, dix ans plus tard, en s'inscrivant parmi les filles de sainte Térèse, et en contractant des obligations que son humilité m'interdit de dévoiler, mais qui seront une de ses gloires au dernier jour.

C'est aux Eaux-Bonnes que Mme de Tinguy avait

rencontré Marie de Tilly. Madame de Tinguy devait
y retourner souvent, toujours malgré elle, et désolée
de quitter ses chers siens. Pourtant elle aimait les
Eaux-Bonnes. Nous nous attachons si facilement aux
pays où nous avons prié, où nous avons aimé, et
surtout où nous avons souffert ; et si leur aspect a
pour l'âme tant de charmes douloureux qui l'attirent,
c'est que tel site, tel pli de terrain, tel sentier solitaire,
ont gardé comme un vestige de nos déceptions et de
nos joies.

C'est dans l'un de ces voyages aux Eaux-Bonnes
qu'elle eut le bonheur, à son retour, de visiter
Lourdes, avec Colette de Moussac. Il y avait alors
un an ou deux à peine que la sainte Vierge s'était
montrée à Bernadette, aux roches Massabielles.
Cependant le bruit de ces visions célestes, les récits
de miraculeuses guérisons, obtenues par l'eau de la
source, se répandaient à travers les montagnes ; et les
âmes saintes tenues en éveil par la foi accouraient avec
empressement, pour jouir du spectacle des merveilles
divines. Mme de Tinguy avait conservé un souvenir
ineffaçable de cette première visite à la grotte, et les
pèlerinages nombreux qu'elle y fit depuis lors, ne lui
ont jamais fait oublier les impressions de ce voyage.
Mme de Moussac et elle, après avoir prié aux rochers
de l'apparition, après avoir écouté le récit des prodiges
que chacun racontait, voulurent, pour satisfaire leur

pieuse curiosité, voir celle qui avait vu Marie. Elles se rendirent à l'école, où elles furent gracieusement accueillies par les religieuses.

C'était le moment où toutes les petites filles prenaient leurs ébats joyeux et tapageurs, dans la cour de récréation. Au milieu d'un groupe d'enfants fort animées, la sœur leur désigna l'humble Bernadette, de chétive apparence, qui ne songeait à autre chose qu'à bien s'amuser. On l'appela, et naturellement toutes deux la prièrent de leur raconter les apparitions : ce qu'elle fit avec une bonne grâce charmante, et avec une naïve simplicité. Quand la jeune enfant rapporta les paroles de la Vierge : « Je suis l'Immaculée-Conception, » il y eut alors dans ses yeux, racontait plus tard Mme de Tinguy, je ne sais quoi d'extatique et de divin, qui n'était point de la terre ; comme un reflet du regard virginal de Marie, illuminant ce pur regard d'enfant.

Aussi Mme de Tinguy, qui certes n'avait pas besoin de voir pour croire, conservait néanmoins de ce récit une impression si profonde que sa foi et sa piété envers Notre-Dame de Lourdes en furent toujours plus vives et plus ardentes.

VIII

*Epreuves douloureuses. — Mort du petit Louis. —
Mort de son père. — Voyage de M. G. en
Cochinchine. — Colette de Moussac.*

1863-1864

L'HEUREUSE influence de toutes ces âmes si
élevées, Marie de Tilly, Laure de Messey,
Colette de Moussac, avait sanctifié de plus
en plus Mme de Tinguy. Ces morts successives d'êtres
si purs, qui se détachaient doucement de l'arbre de la
vie, comme des fruits mûrs cueillis par les anges,
avaient préparé son cœur à l'immolation ; elle allait
avoir à pleurer sur d'autres êtres, encore plus tendrement aimés. Il est certaines époques de notre vie
où Dieu, ce semble, pour mieux tremper l'âme, frappe
à coups redoublés.

Et comme la partie la plus sensible et la plus
délicate de son cœur était celle où se blotissait l'amour
de ses bien-aimés enfants, ce fut là que tomba la

première épreuve. Au commencement de l'année 1863 le petit Louis, son huitième enfant, âgé de sept ans, fut atteint, à Nantes, d'une maladie mortelle. Pendant plus de quarante jours, la pauvre mère demeura près de ce petit être torturé par d'atroces souffrances, lui prodiguant toutes les délicatesses de son dévouement. Elle fut aidée dans ces douloureuses circonstances par des amitiés précieuses et d'affectueuses sympathies. C'est ainsi que Mme la comtesse de Villebois, ayant pitié de cette pauvre mère, qui ne savait pas mesurer ses forces, eut l'ingénieuse et délicate attention de venir, presque chaque jour, la prendre dans sa voiture pour la forcer à une sortie, aussi nécessaire à son esprit tourmenté qu'à son corps brisé de lassitude.

Et néanmoins, il arriva un moment où Mme de Tinguy fut tellement épuisée, qu'on l'obligea de revenir à Beaupuy, quand on vit approcher la fin de cette longue agonie : d'autant qu'elle était alors enceinte de son dixième enfant.

Ce ne fut pas certes sans un déchirement qu'on l'arracha au chevet du cher moribond. De Beaupuy, elle écrit à Mlle de Lyrot, cette amie fidèle au dévouement de laquelle était confié son enfant :

« Ma bien chère Louisa,

« ... Hier, j'ai été visiblement soutenue de la grâce

du bon Dieu ; tant de saintes âmes priaient pour moi ! Aujourd'hui je suis moins forte contre la douleur : je pleure et je me lamente d'avoir quitté mon cher et si aimé petit mourant. Que ne donnerais-je pas pour l'embrasser encore ! »

Cette dernière consolation ne devait pas lui être accordée. Deux jours après, le dimanche pendant le Credo de la grand'messe, une dépêche lui fut remise, annonçant que son enfant avait cessé de souffrir, et qu'il lui fallait une fois encore appuyer son cœur meurtri sur le cœur de Marie, la mère des douleurs, afin de ne pas défaillir à l'heure du sacrifice.

Eclairée par cette fois divine, qui jette ses lueurs sur nos tristesses les plus sombres, son premier regard est un regard vers le ciel, d'où descend l'espérance ; et sa première parole, une prière à Dieu, de qui nous vient tout secours.

« Prions pour que ce petit ange soit en effet bientôt au ciel, s'il n'y est déjà.

« ... Je n'ai pas dormi cette nuit. J'étais persuadée que ce serait la dernière : je me suis reproché toute la nuit de ne pas t'avoir demandé de faire dire, dès le matin de sa mort, autant de messes que possible... Si tu ne le peux demain, que ce soit pour mardi matin.

« ... Quelle reconnaissance n'ai-je pas de tes soins, ma Louisa bien-aimée ! Jamais je n'oublierai que tu as fermé les yeux et recueilli le dernier soupir de mon cher petit Louis. Oh ! qu'il me tarde de t'embrasser, ma pauvre amie !

« Recommande cette petite âme aux prières de ce saint abbé, qui en me parlant de ton dévouement avait les larmes aux yeux... »

Le courage de Mme de Tinguy ne faiblit point dans cette épreuve ; elle-même s'occupe des plus minutieux détails pour la triste cérémonie des funérailles, qui eurent lieu dans l'église de Mouilleron. Du reste, les occupations matérielles, qui l'empêchaient de se replier sur elle-même ; l'affluence d'un grand nombre de parents et d'amis, qui l'entourèrent dans cette circonstance, faisaient une diversion salutaire à son chagrin. Mais lorsqu'elle se retrouva seule en face d'elle-même, comme Rachel éplorée, elle eut peine à retenir ses sanglots et à relever son âme brisée devant la réalité de son malheur.

« Ma Louisa si chère, s'écrie-t-elle, depuis ton départ, j'ai versé bien des larmes : c'est maintenant surtout que je sens toute ma douleur, et la privation de mon cher petit Louis. Tu m'étais, ici présente, comme une partie de lui-même ; en te voyant, toi si bonne et si aimante, mon pauvre cœur était consolé ; mais maintenant que je n'ai plus autour de moi un seul cœur ami, seulement des sujets de peines et d'angoisses, je laisse un libre cours à mes larmes.

« Cependant, chère petite Louise, ne sois pas

inquiète de ta pauvre amie : il faut bien que cette crise passe, et je ne suis pas malade; seulement j'éprouve un affaiblissement général ; les forces ne sont pas soutenues par les circonstances, la nature fatiguée se fait sentir lourdement.

« Qu'en est-il de toi, chère amie ? Tu ne te plains point ; et cependant tu es brisée de fatigue.

« ... A Dieu, amie bien chère ; la pensée que tu seras marraine de ce pauvre petit, que je porte, adoucit mes souffrances. Je souffrirai plus patiemment les douleurs inévitables des six mois qui me restent.

« ... Quel tissu de peines que ma vie, ma pauvre amie ! — Parfois j'en suis saturée; et je dirais volontiers comme mon bien-aimé petit Louis : *Je n'en veux plus de cette vie*. Et pourtant, il faut ajouter le *fiat* que Dieu demande de nous. Prie pour nous tous à Notre-Dame-des-Victoires ; et crois à la tendresse de celle qui te doit tant.

« Georgine. »

Elle écrivait cette lettre le 28 février ; elle ne se doutait pas que la mort était encore à deux pas d'un être, qui lui tenait au cœur par une tendresse profonde. « Heureusement, selon la parole du P. Lacordaire, nous ne savons du lendemain qu'une seule chose, c'est que la Providence se lèvera plus matin que le soleil. »

Son père, le comte de Chabot, se trouvait à Beaupuy pour l'enterrement du petit Louis : un mois après,
le 16 mars, sans que rien fit prévoir un pareil
malheur, ce cher vieillard mourut brusquement, en
quelques secondes, dans sa quatre-vingt-quatrième
année. Par une bonté toute maternelle de cette
Providence divine, il venait de se confesser au curé
de sa paroisse, alors en visite au Parc.

Certes à cet âge, où il ne reste plus « qu'une voix qui
tombe, et qu'une ardeur qui s'éteint, » la vie ne vaut
guère un regret ; ce saint vieillard l'avait bien compris,
lui qui écrivait quelque temps auparavant à sa fille :

« Alexandre m'a lu tout ce que tu as dit d'aimable
pour nous deux : je ne vois plus à lire l'écriture,
pas même dans mes livres de prières : pour toutes
ressources, j'ai le chapelet.

« Je le dirai donc bien souvent pour toi, ma chère
fille, pour que Dieu t'accorde d'heureux jours, et une
vieillesse exempte de ces infirmités qui m'accablent
en ce moment. C'est presque un phénomène, si je
puis tracer ces quelques mots aujourd'hui, car une fois
qu'ils sont écrits, *je ne puis plus les relire.*

« A cela s'ajoute un rhumatisme aigu, incurable,
dégénéré en sciatique. — C'est pour moi un grand
voyage d'aller à la chapelle du château. — Plus sourd
qu'à l'ordinaire. — Tu vois, ma chère petite, l'incon-
vénient qu'il y a de devenir vieux.

« J'ai cependant de grandes grâces à rendre à Dieu de m'avoir accordé le bonheur de vous voir tous si longtemps sur cette terre : je le prie de m'accorder celui de vous revoir tous un jour, dans le séjour des bienheureux, si nous le méritons.

« ... Je ne *sçais* pas comment j'ai écrit ce long mot ; ne considère pas les fautes d'orthographe, chère fille bien-aimée, et pense que le cœur seul conduit ma plume. Je vois avec peine que sous peu je ne pourrai plus que te dire de vive voix que ma tendresse pour toi ne s'éteindra qu'avec la vie.

« Constant. »

« Alexandre est bien sensible à ton souvenir. Il est bien souffrant de ce qu'il croit — peut-être avec raison — un anévrisme.

« Ainsi va le monde, mes chers enfants ; il faut vous préparer à un dernier sacrifice ; nous sommes vieux, et très vieux... »

Il est cependant difficile de se faire à cette idée, qu'on ne reverra plus ici-bas ceux qu'on aime ; et cette mort émut douloureusement le cœur de Mme de Tinguy.

Elle fait part de son chagrin à cette amie, que nous retrouvons près d'elle, surtout aux heures de la tristesse et de l'angoisse.

« Ma bien chère Louisa, j'éprouve le besoin de

te confier ma peine : tu en sais déjà le motif sans doute, et avant moi : car j'ai su ce soir seulement que notre pauvre père avait quitté cette vallée de larmes.

« ... Auguste me l'a fait annoncer par notre bon curé, qui était bien malheureux d'avoir cette nouvelle peine à me faire. Pauvre père, c'est pour moi une séparation bien cruelle ; tu sais que je l'ai toujours si tendrement aimé. Et demain, mercredi dix-huit, trois semaines jour pour jour après la sépulture de mon cher petit Louis, aura lieu celle de mon père. Auguste supplie M. le curé de m'insinuer de ne pas venir pour cette triste cérémonie. J'obéis ; mais c'est dur de penser que ni Marie ni moi n'y assisterons. »

Les espérances de la foi comme toujours relèvent bientôt son âme.

« Sois assez bonne, chère Louisa, continue-t-elle, pour offrir mon respect à M. Guil..., en lui faisant part de notre malheur, ainsi qu'à Georges ; et insiste sur le bonheur qu'à eu mon père de profiter d'une occasion, bien simple en apparence, pour se confesser et se préparer ainsi à son éternité, dans laquelle il s'est trouvé plongé quelques minutes après.

« Oh ! chère amie, prions bien pour lui. Recommande-le aux prières de Mme Eugénie, comme tu l'appelles : elle est si pieuse et si bonne ! Si tu vois M. l'abbé L..., et ceux que j'ai l'honneur de connaître, demande-leur des prières, et fais-leur part de notre chagrin. »

Il était dans les desseins adorables de la Providence divine que cette âme, si détachée de la terre et si unie à Notre-Seigneur, le fût plus encore ; et s'il demeurait dans ses affections les plus pures, dans sa tendresse pour ses enfants, quelque chose de trop humain, il fallait que cette fibre fût divinisée au feu de l'épreuve.

Mme de Tinguy, le 15 septembre de cette année 1863, avait donné le jour à son dixième enfant, qui fut appelé Joseph-Marie.

Elle était à peine remise de ses souffrances, qu'elle eut à verser des larmes bien amères, en serrant sur son cœur son fils aîné, qui s'embarquait sur le *Henri IV*, en partance pour la Cochinchine.

Pour certaines âmes chrétiennes, qui par la foi et l'espérance habitent déjà dans un monde meilleur, mourir pieusement, c'est revivre à une vie plus heureuse ; et pour elles cet au revoir presque joyeux sur le seuil de l'éternité n'est rien en comparaison de certains adieux.

A l'heure où son enfant va s'éloigner d'elle, ce qui tourmente Mme de Tinguy surtout, et opprime son cœur d'une angoisse indicible, c'est le salut de cette âme si passionnément aimée.

Aussi toutes les précautions ingénieuses, que peut suggérer le dévouement le plus délicat et le plus chrétien, elle les prend. Elle sait que le capitaine est un homme « remarquable sous tous les rapports » ; elle recherche des informations sur le pilotin, qui doit accompagner son enfant. Elle est heureuse que son fils lui ait demandé une mèche de ses cheveux, qu'elle lui envoie dans un médaillon, avec ceux de son cher petit Louis. Elle espère que ce souvenir de sa douleur et de son amour sera une relique protectrice contre les dangers. Quelques mois plus tard, quand elle apprend par le capitaine que son enfant s'est empressé de faire ses pâques, en arrivant à Saïgon ; qu'il a donné l'aumône à un couvent de carmélites, trois Françaises et quinze Annamites, qui se trouvaient dans le plus complet dénûment, elle écrit : « De pareilles nouvelles me font grand plaisir, tu le comprends, chère amie. »

Puis, avec cette délicatesse dont son cœur a la douce et chère habitude, elle envoie à son enfant un cantique qui commence par ces mots :

> Salut, ô Vierge Immaculée,
> Brillante étoile du matin...

et dont chaque strophe se termine par ces deux vers :

> Mère bénie entre toutes les mères,
> Sois-nous propice à l'heure du danger.

« Mets dans ton livre, ajoute-t-elle, et chante quelquefois ce beau cantique, que nous chantions ensemble. Chante-le comme une prière à la sainte Vierge.

« Nous le chanterons en pensant à toi... Il te convient si bien !... A Dieu, cher enfant, à Dieu ! »

De temps en temps néanmoins, son cœur de mère, toujours si affectueux et si tendre, était dans l'angoisse. Quand le vent soufflait en tempête, quand les semaines et les mois s'écoulaient sans nouvelles, son imagination alarmée la transportait au milieu des périls d'une dangereuse traversée.

« ... Je te plains bien, ma pauvre amie, dans cet isolement du grand Paris. Hélas ! la souffrance est partout : ici je me trouve parfois dans un abandon complet, dans une mortelle tristesse, faute de pouvoir confier à personne tout ce que je souffre. Merci de tout ce que tu me promets pour mon pauvre G. Je savais bien que je pouvais compter sur ton affection si dévouée. Mais, hélas ! le reverrons-nous jamais, ce cher enfant ? Les journaux sont remplis de sinistres sur la Méditerranée ; et G. doit y être depuis plus de vingt-cinq jours. Je ne vis plus, et *mes yeux à moi sont solidement établis, pour résister aux larmes que je verse et aux insomnies qui m'accablent.*

« ... Il partait de Singapour le 20 ou 25 janvier au plus tard, sur la *Sarthe*, transport de l'Etat... Depuis plusieurs jours j'ai des pressentiments qui me disent que je ne le verrai plus. Je ne puis plus l'attendre ; il me semble que c'est inutile. Ce que je souffre est incalculable ! que cette incertitude est cruelle ! »

C'est alors, comme nous l'avons vu plus haut, qu'elle ajoutait à ses prières de sanglantes disciplines ; sachant que si la voix des larmes maternelles ne touchait pas le cœur de Dieu, Il ne résisterait pas à la voix du sang.

Certes nous aurions beaucoup à dire sur le dévouement et sur les souffrances de cette mère chrétienne : si l'on connaissait ses tribulations et ses angoisses de toutes sortes, on serait étonné une fois encore de la puissance de souffrir que Dieu à mise dans le cœur des mères ; et si l'on savait combien de larmes elle a versées, on comprendrait mieux cette parole de l'Esprit-Saint qui a dit : « Les grandes eaux ne pourraient éteindre l'amour, ni les torrents l'étouffer [1]. »

Le stoïcisme antique se réfugiait sur les hauteurs, dans le temple paisible de la sagesse, dédaigneux des choses et des hommes.

Son refuge à elle était le sommet du Calvaire. Au pied de la croix, auprès de Marie, immolant debout son amour maternel, elle avait trouvé le secret de la résignation et de l'inaltérable douceur.

« O sourires d'une âme secrètement blessée, mais

1. Cant. VIII. 7.

ferme dans l'espérance ! O gémissements qu'arrache parfois une croix toujours chère : Dieu voit ce que vous coûtez ; le monde sait seulement que vous êtes doux et tendres. Semblables à ces fleurs de pourpre, nées du sang des martyrs, qui parfument toute une contrée, vous portez autour de vous la bonne et fortifiante odeur du sacrifice [1]. »

C'était bien dans la foi et dans l'amour que se retrempait son courage. Et si parfois ceux qui la voyaient et qui connaissaient ses angoisses, ont pu s'étonner de son calme toujours souriant, ils auraient eu le secret de sa force en lisant ce passage d'une de ses lettres :

« On nous a dit, à la grand'messe, qu'un chrétien devait croire, aimer et souffrir... Je voudrais avoir les deux premières qualités, au suprême degré, pour pouvoir souffrir tout ce que Notre-Seigneur me ménage : — et c'est parfois bien crucifiant. »

Et encore :

« Le bon Dieu compte toutes nos angoisses, nos tortures de cœur surtout : c'est ce qui soutient et console... Mon Dieu, le chemin de ce monde est rude ; mais j'ai ici une jolie image que me donna Madame votre mère : « *Encore un coup de rame, et nous touchons au port.* » Si j'en pouvais avoir bon espoir ;

1. L. Veuillot.

mais qu'on se sent misérable devant Dieu, à la lueur de toutes ces souffrances. » (Lettres.)

Et cette foi si vive, cet amour ardent, qu'elle désirait par-dessus toutes choses, la faisaient s'écrier au milieu des épreuves les plus douloureuses :

« ... *Et tout cela ne me serait rien, si le bon Dieu n'était pas offensé!* » (Lettres.)

Au milieu de ces inquiétudes, Mme de Tinguy avait heureusement pour refuge et pour abri le cœur de Notre-Seigneur, où elle rencontrait dans un cher rendez-vous le cœur de ses amis.

A cette époque elle entretenait des confidences bien intimes avec une âme toute belle et toute céleste. Nous l'avons dit, Mme de Tinguy tenait l'oreille toujours ouverte « au son que rendent les saintes âmes », et quand elle en découvrait une en harmonie parfaite avec la sienne, aussitôt il s'établissait une de ces unions mystérieuses qui n'ont rien de la terre, et près desquelles les amitiés humaines fragiles et décevantes paraissent bien misérables.

Colette de Moussac [1] était plus âgée qu'elle ; mais la sainteté, aussi bien et mieux encore que l'amitié, établit l'égalité et la fraternité des âmes.

Puis Colette de Moussac mourait de la poitrine.

---

1. Colette de Moussac était la sœur de M. de Monti de Rezé, l'ami fidèle de la royauté en exil.

Malgré sa foi vive, son ardent désir d'aller à Dieu, son cœur était opprimé souvent par cette pensée des adieux suprêmes à tous les siens, qu'elle aimait si tendrement.

Mme de Tinguy, elle, se trouvait souvent sur le chemin du Calvaire. C'est en marchant dans cette voie douloureuse qu'elle se lia plus intimement à Colette de Moussac.

« Entre ceux qui ont souffert, a dit quelqu'un, il y a une sorte de franc-maçonnerie. A certains signes, à certains mots, ils se reconnaissent, comme des voyageurs qui ont parcouru d'âpres contrées. Ils savent qu'ils ont subi les mêmes épreuves dans le même pays, dans le pays de la douleur, où l'on ne passe pas impunément, et d'où l'on ne revient, — si toutefois on en revient — que le cœur bronzé ou brisé, l'âme ulcérée ou sanctifiée. »

Du reste, « ceux qui n'ont pas souffert ensemble, ajoute le même auteur, ne connaissent pas les liens du cœur les plus puissants. » — « Le malheur, dit un proverbe arabe, est le plomb qui scelle deux vies. »

Aussi quelles lettres confiantes et affectueuses elles échangent toutes deux ! « Ma petite sœur, écrit Colette de Moussac, de Cannes où elle passait l'hiver, depuis huit où dix jours j'ai été aux prises avec une fièvre nerveuse, causée par l'intensité de la toux, et la violence et profondeur du mal de poitrine. Vingt grammes de quinine ont coupé cette fièvre : ce qui me permet aujourd'hui de vous écrire quelques lignes.

« ... Toutes les facultés de l'Europe m'affirmeraient que je puis guérir, que je soutiendrais qu'elles se trompent. Je ne suis nullement frappée, nullement préoccupée de moi ; mais je sens à tel point et de plus en plus le mal s'enraciner, et mes forces défaillir que l'aggravation, que chaque jour apporte, n'est plus contestable... Laissons faire le bon Dieu, et confions-nous en Lui. A part mes affections, rien des biens de ce monde ne me rattache à la vie : il me semble que j'en fais bon marché. Nos enfants vont bien, sauf les entrailles de Joseph, qui ne sont pas tout à fait remises ; leur institutrice (*notre fille aînée plutôt*) est à Marseille.

« ... C'est déjà pour moi une douceur indicible d'avoir à offrir des souffrances très réelles et vives, pour essayer d'obtenir des grâces pour tous ceux que j'aime. A ce titre, vous jugez si vous n'avez pas *toujours* votre part, ma bien-aimée Georgine. Je m'associe en mère et en sœur à tout ce que ... vous fait souffrir.

« ... Puisse Notre-Seigneur vous aider d'autant plus ; je le lui demande avec toute l'effusion de mon cœur.

« Votre COLETTE. »

Colette de Moussac était entrée dans l'intimité de

Mme de Tinguy ; elle avait éprouvé toute la sensibilité délicate de son cœur, et elle souffrait avec elle dans une bien tendre sympathie. De son côté, Mme de Tinguy était dans la désolation de voir cette amie si chère descendre doucement vers la tombe, sans que le ciel du Midi avec sa lumière toujours pure, avec ses brises toujours embaumées, pût raviver cette étincelle mourante, ni ranimer les souffles de la vie dans cette poitrine épuisée.

Certes mieux que personne, elle comprenait ce qu'il fallait, pour faire le sacrifice de sa vie, ce qu'il fallait de courage à cette femme, qui sentait dans son cœur toute la force d'aimer, et dans son intelligence toute la vivacité d'un esprit encore jeune... Entourée d'affections pures, tendres, délicates, comblée des biens de la fortune, en face de cette Méditerranée si bleue, dans cette atmosphère parfumée, sous cette lumière radieuse jaillissant d'un ciel profond, devant des sites enchanteurs, Colette de Moussac avait au cœur heureusement ce regard divin, qui ne s'arrête pas aux choses de la terre, mais qui plonge au delà : car ils sont bien à plaindre ceux qui dans un pareil moment n'ont pas cette seconde vue de l'âme.

Mme de Tinguy connaissait son amie, et doucement, familièrement, elle lui parlait des choses de par delà la tombe ; lui murmurant saintement le bonheur de ceux qui s'en vont ; et Colette de lui répondre :

(10 novembre 1863.) « Oui, vous avez raison, ma petite Georgine, cette vie, à tout prendre, est si triste que les plus heureux sont bien ceux qui partent les premiers. C'est sans doute parce que cette vie par elle-même n'a pas l'ombre d'un charme à mes yeux, que le bon Dieu veut que je sente par ailleurs le sacrifice. Celui d'un mari comme Jules serait à jamais au-dessus de mes forces, si je ne devais compter sur la grâce du moment suprême pour m'en détacher. Ne pouvant plus que souffrir de continuelles douleurs et angoisses, ne pouvant plus prier, c'est sur l'aide spirituelle de mes amis et amies que je me repose désormais : le bon père H..., le père M..., la mère Prieure, vous, chère Georgine, Mathilde et mon bien-aimé Jules, dont la douleur double la force de prière, faites tout mon espoir. »

Pauvre malade, chaque jour qui finit enlève un peu de confiance à ceux qui l'aiment, mais n'affaiblit en rien son courage et sa résignation. C'est bien de sa mort qu'on peut dire en toute verité : « Douce est la mort qui vient en bien aimant. » Ses lettres sont de plus en plus rares ; mais, j'oserais dire, de plus en plus belles.

« Vendredi, 19 février 1864.

« Pardon, chère Georgine, de mon silence : un mal considérable aux yeux ne me permet plus de m'en servir : puis mon état s'aggrave considérablement aussi, et m'ôte peu à peu la force de prendre la plume, sauf pour Jean. Croyez quand même, chère petite sœur, à ma vive tendresse. Je suis assez orgueilleuse pour ne pas croire que mes péchés seuls et mes profondes ingratitudes m'attirent de telles souffrances ; j'espère que je souffre aussi pour Jules, mes enfants et tous ceux que j'aime : je veux donc croire fermement que vous avez votre part dans mes tortures. Aidez-moi de vos prières à obtenir la grâce, la force de faire le sacrifice d'un mari, que j'aime avec une si ardente tendresse ; vous savez s'il le mérite ; et encore, vous ne faites que soupçonner à peine tout ce qu'il a d'attachant. Et mes enfants bien-aimés, qu'il faut quitter aussi ! Enfin Dieu le veut, et à moins d'une grâce miraculeuse, je *sens, à n'en pas douter*, que le terme s'approche. Jules espère toujours que le bon Dieu lui accordera *ma guérison* : il veut, dit-il, faire violence au ciel.

« ... Je n'ai pas un mot du Père H. et je ne puis me résigner à mourir à Cannes, avec si peu de secours spirituels !!! A Dieu, chère Georgine, je vous embrasse de tout cœur.

« Colette. »

Et quelques jours après, le 26 : « Merci de vos lettres, ma bien-aimée Georgine. Jules voulait vous

écrire pour vous en remercier. Il voulait aussi vous
donner de mes nouvelles, qui ne peuvent être plus
mauvaises. A moins d'un miracle — sur lequel mon
pauvre Jules compte ou plutôt qu'il espère toujours —
il va falloir mourir à Cannes... Je ne quitte plus ma
chambre et mon lit ; si j'en avais la force, je fuirais à
Paris ; j'aimerais mieux mourir là ; j'y aurais des
secours spirituels, qui manquent ici. Mais à la volonté
de Dieu ! J'espère la vouloir quand même.

« ... Veuillez croire, chère sœur, à une tendresse
fraternelle que j'emporterai, j'espère, au ciel. Je vous
embrasse cent fois. Votre mourante sœur spirituelle,

« COLETTE. »

La mort approchait d'un pas rapide ; un mois
après, le 19 avril, la pauvre malade n'avait plus que
la force de tracer ces deux lignes d'une main défaillante. On ne peut retenir ses larmes, en voyant
l'écriture tremblée de cette simple phrase, qui renferme
ses suprêmes adieux :

« Cannes, mardi 19 avril.

« Ma petite Georgine, je vous embrasse de tout
cœur.

« Votre COLETTE. »

Sa fille continuait cette lettre, annonçant à Mme de
Tinguy que sa mère était au plus mal, et qu'on

allait cependant essayer de la transporter à Paris, puis à Nantes, où la malade espérait revoir une dernière fois son amie. Mais, hélas ! ce voyage, qu'elle commençait vivante, elle devait l'achever dans son cercueil. Elle mourut à Paris, laissant à sa famille éplorée le souvenir de sa tendresse, l'exemple de ses vertus, et l'espoir du rendez-vous suprême.

IX

*Première communion de Ray... — Départ de sa
fille aînée. — Antoinette sort du Sacré-Cœur. —
Vœux de Sainte-Isabelle. — Départ d'Antoinette.
-- Les Réparatrices.*

1864-1867

Au moment où sa sainte amie était mourante,
Mme de Tinguy était tout occupée de la première communion de l'un de ses enfants, R.
Pour elle, c'était une chose si grande que cette première
visite de Dieu dans une âme, qu'elle déployait les ressources du plus tendre dévouement pour vêtir ce
jeune cœur de toutes les blancheurs de l'innocence :
aussi, « *elle n'ose pas le laisser* en ce moment. »
Elle le recommande aux prières de ses parents et
amis.

Nous insistons à dessein sur ce trait particulier de
l'amour maternel dans Mme de Tinguy ; car le secret
de l'éducation, qu'elle a donnée à ses enfants, est là
tout entier : pénétrer leur âme de·foi et de pureté.

« Si j'osais, a écrit quelqu'un [1], je dirais aux mères qui liront ces lignes : Oh ! vous avez une bien belle mission à remplir. Vous, jeunes femmes, vous avez la passion des fleurs : avec quel amour vous les soignez. Vous leur ménagez les douces ardeurs du matin, vous les protégez contre les rayons brûlants du midi, vous leur distribuez l'eau, qui entretient leur fraîcheur. Chaque jour vous admirez la beauté de leurs couleurs et de leurs formes, vous vous enivrez de leurs senteurs. Cette beauté et ce parfum sont en partie votre ouvrage. Mais vos plus belles fleurs sont vos boutons de lis, vos enfants. C'est à vous de les préserver du souffle brûlant du mal, de faire luire sur eux la lumière de la vérité chrétienne, de laisser arriver sur eux la rosée céleste. La grâce agit et vous aide ; mais vous, vous êtes la main du fleuriste. Soignez bien ces fleurs vivantes, pour les remettre encore toutes blanches et toutes pures entre les mains du prêtre, qui les attend pour le banquet eucharistique et la consécration à la Vierge Marie. »

Certes Mme de Tinguy aimait passionnément ses fleurs, et pieusement elle les abritait de sa vigilante tendresse.

Ce fut à cette époque que sa fille aînée, quittant le monde, et s'arrachant aux douceurs de l'affection

---

1. Adrien du Barral.

maternelle, entra dans la société de Marie Réparatrice. Ce premier sacrifice creusa dans son cœur une blessure douloureuse qui devait se rouvrir trois ans plus tard par l'immolation d'une autre victime ; mais sa foi était si profonde, et son horreur du monde si vive qu'elle écrit elle-même : « Je n'ai pas grand mérite à faire le sacrifice de ma petite Marie : je la trouve si heureuse ! Elle-même m'écrit qu'elle est folle de joie...

« Cette chère enfant me demande en grâce de ne pas la faire revenir en Vendée : elle trouve que cette deuxième séparation sera plus pénible mille fois que la première, et elle me supplie de lui en épargner le chagrin. Je veux bien faire encore ce sacrifice pour ce qui me regarde, mais je crains que son père et ses oncles et tantes ne trouvent extraordinaire qu'elle soit allée au couvent, sans leur dire adieu.

« Marie m'écrit qu'on attend Mlle de Bejarry, fille de Mlle de la Blotais, pour le vingt à Paris chez les Réparatrices. Elle en sera bien contente. »

Elle envoyait cette lettre, le 13 juillet 1864, des Pyrénées, où elle était allée cette année-là encore chercher un peu de force.

En s'y rendant, elle avait vu ses deux filles à Poitiers. Les Dames du Sacré-Cœur lui avaient fait le plus grand éloge d'Antoinette, qui était sur le point d'achever son éducation, et qui allait retourner près de sa mère à Beaupuy, pour l'aider dans ses douloureuses difficultés.

Mme de Tinguy en était si heureuse « qu'elle ne savait comment remercier Dieu. »

Nous verrons plus tard comme ses maîtresses avaient bien jugé cette jeune fille, en qui étaient unies la vivacité de l'intelligence et la droiture du jugement, la délicatesse du cœur, la pureté de la conscience, les grâces d'une physionomie charmante et la pudique simplicité d'une âme sans orgueil.

C'est elle qui écrivait alors, parmi les *dates mémorables de sa vie :*

« 20 août 1864. — Sortie du Sacré-Cœur, — restée six ans — *étant Enfant de Marie.* »

Après cette saison aux Eaux-Bonnes, la santé de Mme de Tinguy s'étant améliorée lui permit de faire en octobre le voyage de Paris, pour assister à la prise d'habit de sa fille aînée, qui reçut le nom de Marie de Sainte-Isabelle.

Puis la vie reprit son cours ordinaire, plein des sollicitudes et des tracas qui incombent à une maîtresse de maison. Depuis longtemps Mme de Tinguy poursuivait le projet de faire construire pour ses enfants une habitation plus convenable. Au commencement de l'année 1865, elle n'en était encore qu'au plan, « qu'elle voulait, disait-elle, bien simple. » Elle ajoutait : « Je veux absolument ma cuisine au rez-de-chaussée et non aux soubassements ; » car elle avait compris quels inconvénients graves il y a dans cette disposition, qui isole absolument les domestiques des maîtres : et par une bizarrerie du sort assez curieuse, elle devait avoir sa cuisine dans les soubassements et non pas au rez-de-chaussée.

Tout cet hiver de 1864-1865 fut long et pénible pour elle ; elle souffrait cruellement des douleurs d'une grossesse avancée. Le 12 mai 1865, elle mit au monde une fille, qui reçut les noms de Louise-Marie-Georgette.

Par ailleurs, cette même année fut marquée par des contradictions de plus d'une sorte. Elle éprouvait toujours des difficultés pour ses projets, puis elle était contrariée dans l'administration de sa maison par des maladies, par des départs de domestiques, etc., etc. Et pourtant elle était égayée et soutenue par sa fille Antoinette, dont le caractère joyeux jetait sa note vive au milieu des mélancoliques tristesses du vieux Beaupuy. Ce vieux Beaupuy, « Antoinette, qui commençait alors à faire de la photographie, » l'avait rajeuni dans plusieurs *vues* intéressantes.

Elle photographia aussi ses frères, ses sœurs, sa mère ; il fallut que tout le monde posât devant l'appareil ; elle se photographia elle-même avec son frère Ray... auprès de ruines entassées, qui contrastent étrangement avec cette jeunesse si riante et si fraîche.

Certes son entrain et son exubérance de vie répandaient autour d'elle quelques rayons de joie ; mais ce qui charmait surtout l'âme chrétienne de sa mère, c'était de voir en elle se développer les sentiments d'une piété tendre et d'une exquise délicatesse de cœur.

Ses sentiments affectueux gardaient peut-être encore dans leur manifestation quelque chose de la grande pensionnaire. Elle écrivait en effet alors : « Tout le monde se retire et me laisse seule avec vous, ma chère tante ; car il se fait tard déjà, et sans les faibles lueurs de la lune, la nuit aurait jeté *son voile de crêpe noir sur la terre...* » Mais peu à peu elle allait perdre cette phraséologie pompeuse, en restant toujours cet esprit vif, original, dont nous admirerons plus tard les saillies pétillantes et les charmantes expressions.

« Antoinette est mon petit rayon de soleil à Beaupuy, » écrivait sa mère.

C'était donc pour Mme de Tinguy une joie et un secours que cette enfant si intelligente et si bonne. D'autant que sa santé était bien chancelante.

« Tout est frais et vert à la campagne, écrivait-elle, au printemps de 1866. Il n'y a qu'un petit malheur pour moi, c'est que mon médecin ne me permet pas de sortir. Je ne suis guère mieux ; on exige même que j'aille prendre les Eaux-Bonnes.

« Tout le monde se porte bien ici, sauf ta pauvre *patraque* de sœur, qui ne va pas même à la messe à la paroisse. Heureusement qu'on a eu la charité de venir deux fois me la dire ici. »

Ceux qui jouissent d'une santé florissante ont peine à comprendre quelle influence funeste la souffrance continue, si petite qu'elle soit, exerce sur l'humeur et le caractère. A certains moments, chez les êtres maladifs, il y a comme un fourmillement de sensations pénibles qui, à peine aperçues, produisent néanmoins un malaise indéfinissable. « Le charme, l'attrait, le dégoût ou l'ennui, attachés aux divers instants de notre vie, dépendent presque toujours de ces dispositions si profondément ignorées de notre sensibilité [1]. »

Alors surtout se montrer aimable, quand on est d'humeur méchante, faire rayonner la joie sur son visage, quand l'âme est pleine de ténèbres, c'est le devoir de la vertu ; et Mme de Tinguy n'y faillit jamais.

Ce fut dans des alternatives de mauvaise et de bonne santé que s'acheva cette année 1866. En février 1867, elle eut assez de force pour se rendre à Strasbourg, où sa fille Marie allait prononcer ses vœux. Elle est joyeuse dans l'espérance de revoir son

1. Maine de Biran.

enfant ; elle est heureuse aussi à la pensée d'embrasser à Paris cette amie, qu'elle regarde comme une autre sœur. « Ne te fais donc pas de chagrin, chère L., tes yeux guériront bien ; seulement, c'est douloureux et bien triste pour le moment. Je voudrais l'époque arrivée, où je me rendrai à Paris, pour te tenir compagnie quelques jours, et tâcher de te distraire ; mais je vois que ton heureux naturel ne te quitte guère, et que tu sais encore rire au milieu de tes peines. Ne manque pas de nous garder du temps dans ton voyage de Vendée. Au 24 décembre 1866 nous aurons le chemin de fer pour aller d'ici Nantes : ce ne sera plus qu'une promenade pour venir à Beaupuy. »

Le 22 février 1867, Mme de Tinguy assistait, à Strasbourg, aux vœux de la sœur Marie de Sainte-Isabelle, après avoir fait un voyage très pénible et très fatigant.

« Je suis mieux ce soir, écrit-elle, dans cette même journée, et notre chère Marie est si heureuse que je viens de lui promettre de rester quelques jours avec elle. Elle est radieuse... Je te parlerai longuement de notre belle et touchante cérémonie de ce matin. »

Cette belle et touchante cérémonie impressionna surtout vivement Antoinette, qui accompagnait sa mère : et il est permis de croire que cette douce joie, dont elle fut inondée, en voyant sa sœur se consacrer pour toujours au Dieu de l'Eucharistie, comme victime de réparation et de propitiation, développa et rendit plus ardent son désir de la vie religieuse.

Quelques mois plus tard, en septembre de la même année, elle faisait elle-même, au milieu des larmes de tous, ses adieux à sa mère et à ceux qu'elle aimait.

Certes il y a dans ces élans de l'amour divin, qui ravit aux tendresses de la famille les cœurs les plus affectueux, les plus délicats, qui choisit parmi les créatures les plus sensibles, les plus aimantes et les plus belles, qui les appelle du château comme de la chaumière, pour les grouper autour de l'autel du sacrifice, il y a un étrange mystère.

Que celui-là comprenne qui le pourra : « *Qui potest capere, capiat.* »

Pour en avoir l'intelligence, il faut croire à l'évangile ; il faut croire à l'attraction divine de ce Jésus, qui a dit à toutes les âmes grandes, nobles et généreuses : « *Suivez-moi.* » Il faut croire que c'est par l'immolation, par l'effusion du sang, que le Sauveur du monde a racheté l'homme coupable.

« Il faut croire à la responsabilité des fautes. Il est impossible de connaître le nombre de nos transgressions, et il ne l'est pas moins de savoir jusqu'à quel point tel ou tel acte de notre volonté a blessé les plans du divin législateur... Où sont les bornes de la responsabilité [1] ?.. »

1. De Maistre. (*Soirées.*)

Il faut croire aussi à la réversibilité des mérites, et à la nécessité de victimes innocentes, souffrant, expiant au lieu et place des hommes criminels ; il faut croire que dix justes peuvent préserver cinq villes coupables ;

« Que la chasteté est la fleur des mœurs, l'honneur des corps, la gloire des sens, l'intégrité du sang, la garantie des races, le fondement des vertus et la source de tous les biens[1] ;

« Que la virginité fait que Dieu ne refuse pas de venir vivre avec les hommes ; c'est elle qui donne aux hommes des ailes pour prendre leur vol du côté du ciel[2]. »

Il faut croire enfin que Dieu est un Dieu jaloux, qui veut toutes les prémices avec leurs fraîcheurs et leurs parfums, et toutes les innocences avec leurs simplicités et leurs candeurs.

Certes la main divine, en arrachant à leurs affections et à leurs tendresses ces cœurs dévoués, ne les préserve pas des déchirements douloureux de la séparation.

Nous allons voir qu'Antoinette, en s'éloignant de sa mère, ne peut contenir ses larmes. Et *ce sang du cœur* « vaut bien l'autre pour expier et laver les souillures. »

---

1. Tertullien. *De Pudicitiâ.*
2. Saint Grégoire cité par Bossuet. *Panégyrique de saint Joseph.*

La pauvre enfant souffre d'autant plus que Mme de Tinguy est malade.

« Aujourd'hui (2 septembre), écrit-elle, maman va un peu mieux ; mais ce n'est pas durable : les nuits la fatiguent ; elle ne dort pas : elle est très agitée. Je ne sais combien de temps encore nous la verrons souffrir. Espérons que Dieu, qui voit combien sont nécessaires les forces qu'elle sait si bien employer, lui rendra la santé ; et avec elle, le bonheur et la joie à ceux qui l'entourent. Je ne sais trop quand je partirai : maman parle de mercredi, mais si elle ne va pas mieux, je ne pourrai la quitter sitôt. »

Ce fut pourtant le mercredi 6 septembre que la généreuse enfant, s'arrachant aux étreintes de ceux qu'elle aimait, laissa Beaupuy tout en larmes, et se jeta dans le train, qui l'emportait vers Nantes, puis à Paris et à Strasbourg. Elle partait avec une jeune fille de Mouilleron, sous la conduite d'une institu-trice, Mlle A.

Ses frères et sœurs s'étaient rendus à la barrière du chemin de fer, pour lui envoyer un suprême adieu. « Mais la pauvre Antoinette était tellement absorbée qu'elle ne les vit pas, n'ayant pas le courage de fixer ses yeux pleins de larmes sur le cher Beaupuy. »

La mère saintement résignée était restée, elle, à la maison, épanchant sa douleur aux pieds de Jésus crucifié. Deux jours après, elle écrivait :

« Ma pauvre chère Antoinette est partie mercredi ; c'est un chagrin qui ne me quittera plus... Elle arrive aujourd'hui à Paris...

« Tu comprends dans quel état je suis.

« J'ai le cœur brisé, et la santé aussi. Je ne puis m'empêcher de m'inquiéter de ces crachements de sang, et de ces bronchites qui s'aggravent toujours. »

De Nantes, Antoinette écrit à sa mère une lettre, où la pauvre enfant essaie de sourire à travers ses larmes, et cherche dans son cœur déchiré quelques paroles de consolation pour le cœur encore plus déchiré de sa mère :

« Ma chère mère,

« Nous sommes arrivées hier soir à bon port : et nous revenons maintenant de chez le photographe, qui s'efforçait en vain de me rendre joyeuse. Comment aurais-je pu oublier la tristesse dans laquelle je vous ai laissée ?... Ce matin j'ai fait entrer le cher Maître dans ma chétive demeure, et je lui ai tant parlé de vous, chère petite mère, qu'il me semble impossible qu'Il ne vous vienne pas en aide. Il aime tant les âmes *crucifiées...*, les âmes *sacrifiées...* Vous n'avez pas perdu grand'chose, en me perdant ; et Dieu, j'en ai la confiance intime, comblera le vide qu'Il a voulu faire lui-même en m'appelant à Lui...

« Pour moi, mon cœur est encore saignant, mais au milieu des larmes, Jésus était tout près. Il paraissait content, et je le bénissais... Je le remerciais de la grâce qu'Il veut bien me faire : pourrais-je l'acheter trop cher ? Remerciez pour moi, chère mère ; je suis incapable de le faire assez... Jamais je n'avais ressenti une aussi grande angoisse de cœur qu'en me séparant de vous. Mais je me trouve heureuse de prouver à Dieu ma reconnaissance, en acceptant la souffrance, dont je ne veux plus désormais me séparer.

« ... J'aime à penser que Dieu est content de la générosité avec laquelle vous avec accompli sa sainte volonté, et m'avez donnée à Lui.

« Chère petite mère, je vous vois encore ; mais je ne vous vois pas seule. Dieu sera toujours près de vous, parce qu'il veut combler le vide que je pourrais avoir fait. »

Et par une délicatesse touchante, bien digne de son cœur si affectueux, elle date cette lettre et celle qu'elle écrit le lendemain de Paris, elle les date de *Beaupuy* le 6 septembre 1867.

Pour insinuer que son cœur n'avait pas quitté le foyer de la famille, où elle entend bien le laisser toujours.

Du reste, même désolation, même chagrin cuisant, et aussi même résignation dans cette lettre de Paris.

Dès le 8 septembre elle est à Strasbourg, d'où

elle s'empresse d'envoyer des nouvelles à sa mère.

Pour la première fois, *l'en-tête* de sa lettre est : « *Pax Christi* », ces deux mots qui ne seront plus jamais absents de ses lettres, comme cette paix divine, don précieux de Jésus aux âmes d'apôtres, ne sortira plus désormais de son cœur.

« *Pax Christi.* »

« Ma chère petite mère,

« Me voici installée au noviciat, et mon premier soin est de vous écrire.

« Mlle A. m'a conduite ici, et c'est à sept heures trente que nous sommes arrivées. Après avoir entendu la messe à la cathédrale, nous sommes venues frapper à la porte du noviciat, et maintenant me voici coiffée d'un bonnet noir, que je dois garder tout le jour.

« C'est donc maintenant que je puis dire : Dieu est à moi, et je suis toute à Lui : le monde n'a plus de droit sur moi ; je lui ai dit adieu, et adieu pour toujours !

« Chère petite mère, je ne demeure pas un instant sans penser à vous : et mon cœur se trouve toujours brisé à la pensée que peut-être vous n'allez pas mieux. J'aime cependant à croire que le cher Maître n'a pas laissé mes vœux infructueux, et qu'Il vous aura accordé tout ce que je lui ai demandé ; surtout votre prompte guérison.

« ... J'ai une charmante petite cellule, où seraient à peine à l'aise 3 chaises en rang dans la largeur, et six peut-être dans la longueur.

« On a devant soi la chapelle ; et le souvenir du Maître charmera les rêves nocturnes : mes yeux s'y reposeront dans les ténèbres : et mon âme va jouir de la lumière du divin soleil... »

Mme de Tinguy a donc, avec une générosité toute chrétienne, donné à Notre-Seigneur ses deux filles aînées ; et elle les a offertes comme victimes, destinées par leurs immolations et leur amour à *réparer* les crimes des hommes ; la beauté de cette vocation la rend toute fière et tout heureuse dans sa douleur.

Un mot, qu'Antoinette adressait quelques années plus tard à une autre religieuse, nous fera connaître le but de cette Société de *Marie Réparatrice*.

« *Réparatrice* et *victime*, lui dit-elle, sont deux mots synonymes : ne l'oublions jamais, ma sœur et ma mère. Nous devons porter ce nom plus dans nos actions que dans nos paroles. La vraie *Réparatrice*, l'heureuse *Réparatrice* aime à établir sa demeure aux pieds du cher Crucifié, le grand, le premier *Réparateur*. Là, debout toujours, sur le calvaire, à côté de Marie sa bonne mère, elle colle ses lèvres aux pieds de Jésus, et partage ses douleurs pour dédommager son Bien-Aimé. Car elle le sait, il n'y a point de meilleur soulagement à la souffrance que de la partager.

« Là, vivant pour Jésus, avec Marie, elle apprend à aimer, à souffrir, à réparer à chaque instant.

« Que ce soit notre cher rendez-vous, ma sœur, et nous serons heureuses avant le ciel, parce que nous aimerons ; et nous consolerons notre bien-aimé Maître, qui nous a tant aimées.

« Aidez-moi à le remercier pour la si grande grâce qu'il daigne me faire, en m'appelant à devenir son épouse, malgré toute mon indignité. Je me recommande bien à vos prières, en vous assurant du faible secours des miennes. »

On voit que la sublimité du but avait bien des attraits pour ces âmes d'élite. La mère et la fille aspiraient à la souffrance et à l'immolation avec l'ardeur des premiers chrétiens, « qui volaient au martyre, dit un saint Père, comme les abeilles à leur ruche. »

Le monde, dont l'esprit est aussi faux que mauvais, jugea étrange une pareille séparation.

« Eh quoi ! une jeunesse si tendre, une beauté si éclatante, une intelligence si vive, un cœur si pur, une âme si noble, si belle, si aimante ! Sacrifier tout cela gaiement dans les ténèbres glacées d'un cloître !!! »

Non, certes, ce n'était pas sans un déchirement

douloureux que Mme de Tinguy avait donné à Dieu son enfant. « J'en suis triste à mourir ! » s'écriait-elle. (Lettre.)

Mais, savourant l'amertume de ce calice, que sa tendresse de mère eût volontiers repoussé, en chrétienne heureuse d'offrir à Notre-Seigneur son plus riche trésor, elle ajoutait :

« Ma chère Antoinette est rendue à Strasbourg: elle se dit au bonheur. C'est pour moi une grande consolation de la savoir comme sortie de cette terre d'épreuves et de misères. »

X

*Mauvaise santé. — Voyage à Aix-les-Bains. —
Prise d'habit d'Antoinette. — Deux zouaves. —
La jeune novice. — Construction de l'église de
Mouilleron.*

1867-1868

Au départ de sa fille, la santé de Mme de Tinguy, si fort ébranlée, avait ressenti une secousse nouvelle et une perturbation profonde. « Elle prend, dit-elle elle-même, un long mal sans espoir. » Aussi, quelques semaines plus tard, elle est obligée de se rendre en Savoie, où elle fait une saison à Aix-les-Bains, accompagnée d'une sœur de l'Espérance et de sa fille B.

Le docteur des eaux la rassure sur cette indisposition. « Il ne me trouve point, écrit-elle, les poumons malades. Il dit que si j'avais eu quelque chose de fêlé, cela eût craqué à mon troisième ou quatrième enfant. Je n'en aurais pas eu douze, si tout n'eût pas été bon. Il est sûr que j'ai une congestion à la poitrine, et que j'ai failli étouffer. Dieu merci ! me voilà mieux ; et j'espère que le repos, que je prends ici, me fera du bien. »

Mais elle est inquiète de tous les siens, qu'elle a laissés là-bas, « *de son cher lutin de T.* », pour laquelle elle voudrait une bonne institutrice : elle se préoccupe en outre des travaux qu'on exécute ; l'intérieur du château neuf s'avance, à l'extérieur on creuse un étang, on construit une chaussée, etc.

Et c'est pour elle une grande quiétude, quand elle apprend, quelques jours après, l'arrivée à Beaupuy de son amie Mlle de L.

« Te voilà donc à B..., chère et bonne petite sœur ; si tu savais quel bonheur c'est pour moi, et quelle tranquillité cela me donne ! »

Et cependant elle a grande hâte de revenir vers ses chers enfants : elle renonce au retour par la Salette, qui avait d'abord été projeté ; elle se contente de visiter Annecy et Genève, où « elle regrette de n'avoir pas un mot à l'adresse de Mgr Mermillod » ; et elle arrive à Beaupuy, le 13 octobre, heureuse de revoir ceux qu'elle aime et de les retrouver en bonne santé.

Son amie avait dû quitter Beaupuy presque aussitôt son arrivée ; Mme de Tinguy lui adresse quelques mots affectueux pour la remercier :

« Tout le monde à Beaupuy ne peut tarir sur ton

compte : ce qui ne m'étonne point, au contraire, je me plais à renchérir sur les éloges qu'on te décerne...

« ... Joseph parle souvent *de marraine à moi :* il ne veut la donner à personne : il a bien raison. — Je n'ai pas d'autres nouvelles à t'envoyer pour le moment, car c'est chose bien ancienne que mon amitié pour toi, que le temps ne fait qu'accroître et fortifier. »

C'est à cette époque que sa fille Antoinette est admise au noviciat ; le 8 décembre, jour de l'Immaculée-Conception, qu'elle avait choisi depuis longtemps, elle prend l'habit. Ce furent les douces joies des fiançailles, joies toutes d'amour et d'espérance ; joies pures et divines, « *comme celles de sa première communion* » ; qui lui font rêver de cette union suprême, « après laquelle on ne désire plus qu'une chose sur cette terre, la quitter, pour posséder au ciel ce bon Maître, dans cette union tranquille, exempte de ces craintes de trahison et de séparation, qui nous font encore trembler ici-bas. »

Et son bonheur n'est pas égoïste ; dans ses épanchements sur le cœur de Jésus, elle n'a garde d'oublier sa mère. « Comme vous étiez présente, chère petite mère ! Dieu aura, j'espère, entendu les vœux que je lui ai adressés pour vous. J'aime à penser qu'Il va vous donner des forces, pour venir jusqu'à votre petite novice au printemps... Je reste anéantie sous le poids de la reconnaissance ; aidez-moi à remercier. »

Et cependant, le soir venu, « *elle est profondément triste* ». Qui donc n'a ressenti comme elle cette impression de mélancolie, à la dernière heure d'une belle fête qui va finir ? Le bonheur, hélas ! est un poids bien lourd, puisque le cœur, qui l'a porté quelques instants à peine, tombe de lassitude et d'ennui. Ou plutôt, il est plus vrai de dire que l'écho des célestes joies, que l'espérance nous apporte des rives éternelles, est trop affaibli. L'âme un instant en a vibré comme un instrument sonore : ce tressaillement mystérieux, qui va croissant d'intensité, et qu'elle voudrait ample et profond jusqu'à l'infini, ce tressaillement l'ébranle d'une commotion forte et rapide. Elle en demeure brisée à la fois et déçue, quand les vagues rumeurs des joies terrestres meurent dans le lointain.

C'est alors qu'elle exhale un gémissement comme celui-ci : « Les fêtes d'ici-bas ne sont pas de longue durée !... Il est toujours triste pour moi de voir le soir d'un beau jour. Cela fait jeter un regard vers l'éternité, où le bonheur n'aura pas de fin. » (Journal.)

Mme de Tinguy comprenait cette langue des délicats, si facilement heurtés et froissés par tous les accidents de la vie ; cette langue des chrétiens, qui savent bien que sur cette terre le bonheur est dans le devoir et le sacrifice accompli, accepté pour Notre-Seigneur, et qui s'acheminent courageusement, à la suite du Maître, à travers des tribulations multiples, vers la gloire éternelle.

A la fin de l'année 1867, après l'héroïque victoire de Mentana, il y eut dans le monde catholique comme un nouvel élan de foi ; un souffle ardent remua la jeunesse française, emportant vers Rome une légion de croisés. Il s'agissait d'élever un solide rempart autour de la papauté, menacée par les hordes sauvages de Garibaldi.

Mme de Tinguy eut la joie d'offrir au Saint-Siège deux de ses enfants, qui s'enrôlèrent sous la bannière des zouaves.

Cette séparation sans doute arrachait des larmes à son cœur maternel, mais sa foi profonde et son amour ardent pour Jésus-Christ et l'Eglise remplissaient son âme de cette intime et suave jouissance, qu'ont seuls goûtée ceux qui ont beaucoup souffert pour un être tendrement aimé.

Aussi, lorsqu'au mois d'octobre 1868 elle fera une retraite au Carmel de Rennes, nous ne serons pas étonnés de la voir noter au nombre des grands bienfaits de Dieu « *cette détermination généreuse de ses fils pour le service du Saint-Père.* »

Elle en écrivait toute sa joie à Mgr Baillès, ancien

évêque de Luçon, qu'elle tenait en grande vénération,
lui demandant en outre ses prières et ses conseils
pour les chers zouaves. Le saint prélat lui répondit :

†

J. M. J.

GLOIRE A MARIE-IMMACULÉE

« Rome, le 28 janvier, l'an 1868.

« Madame et bien chère fille,

« Le Dieu, tout bon et tout miséricordieux, bénit
et récompense les soins que vous vous êtes donnés
avec M. de Tinguy, pour élever dans la connaissance,
la crainte et l'amour de Notre-Seigneur Jésus-Christ
votre nombreuse famille. Déjà deux de ces heureuses
enfants, pleines de mépris pour le monde, ne voulant
avoir d'autre époux que Jésus, se sont rangées sous
la bannière de Marie, pour *réparer,* pour expier les
offenses, les blasphèmes, les impiétés du siècle. Sans
avoir jamais participé à la malice du monde, elles se
sont faites victimes pour les péchés qui s'y commettent,
et ont laissé de beaux exemples à celles de vos autres
enfants, trop jeunes pour s'engager sur leurs traces.

« Aujourd'hui, ce sont deux de Messieurs vos fils,
qui, dès l'âge le plus tendre, mettent au service de
l'Eglise des forces qui n'ont pas encore atteint le

degré de leur dévouement. Chers enfants, que j'ai eu si souvent la consolation de bénir avec leurs sœurs, aujourd'hui religieuses, lorsque votre foi vous portait à la rencontre du premier pasteur, en cours de visite pastorale ; ou lorsqu'il allait se reposer un instant, en passant, dans ce château, où fleurissent toutes les vertus chrétiennes.

« Ces chers enfants, comme des soldats de la sainte Église et du vénérable vicaire de Notre-Seigneur Jésus-Christ, se montreront toujours dignes de leur noble famille, de leur nom de chrétiens, et de la vocation, qu'ils ont momentanément embrassée. Vos prières ne les abandonneront jamais, et vos bonnes lettres viendront les affermir dans leurs résolutions.

« Ils auront dû vous faire savoir que je les présentai à Sa Sainteté, à qui je fis connaître l'excellence des sentiments chrétiens qui animent votre famille, si distinguée à tant d'autres titres. Ils trouveront parmi leurs compagnons d'armes une foule de Français de naissance qui vivent, sous le costume militaire, avec la ferveur de chevaliers de Saint-Jean de Jérusalem : tant est grande leur modestie, leur piété, leur amour pour la table eucharistique. C'est là surtout qu'ils puisent ce courage héroïque, qui a rempli d'admiration l'armée française à Mentana.

« Jouissez de la consolation, que des enfants aussi pieux doivent faire éprouver à une mère toute chrétienne ; et préparez par une sainte éducation quelques autres de vos enfants pour le cloître et pour l'Eglise.

« Je bénis en finissant les deux nobles et pieux châtelains, avec leurs chers enfants, et avec tout le personnel du château : j'embrasse M. de Tinguy, et vos autres petits garçons ; et je suis, avec un tendre dévouement,

« Tout vôtre en Jésus et Marie-Immaculée.

« † J.-M.-J^h, anc. Ev. de Luçon. »

Elle conservait cette lettre si touchante, ainsi qu'une deuxième qu'elle reçut quelques mois plus tard du même prélat, comme on garde un souvenir vénéré. Elle aimait à relire ces pages dans ses peines et ses déchirements de cœur. N'applique-t-on pas sur une plaie vive, pour la guérir, les reliques d'un saint ?

Les inquiétudes, les angoisses de toutes sortes ne lui manquaient pas en effet.

« Tu ne parles point de revenir, chère petite sœur, écrivait-elle à une amie bien intime. Si tu savais pourtant combien j'ai faim de te voir ! Quel bonheur ta présence m'apporterait ! J'en aurais grand besoin en ce moment, où je me fais bien des tourments. Il arrive des jours où *tout est aquilon* — rien ne réussit.

« Par lettres je ne puis te rien dire. Prie pour moi,

et mets un cierge à Notre-Dame-des-Victoires, et aussi à saint Joseph : voilà son mois qui va commencer.

« ... J'ai toujours d'excellentes nouvelles de mes chers zouaves, — et de mes deux religieuses. Oh ! qu'elles sont plus heureuses que les mères de famille !

« ... Ma poitrine va mieux ; mais les autres misères ne me manquent pas. »

Quelques jours après, le 6 mars, elle écrivait encore :

« ... J'ai de très bonnes nouvelles de mes chers zouaves qui se conduisent si bien, et de mes chères religieuses qui ne t'oublient pas. Je suis très occupée du trousseau d'Antoinette. »

C'était pour elle une joie bien grande d'arranger cette parure virginale, que la jeune fiancée du Christ allait porter à l'autel. Jamais l'empressement, jamais la fierté d'une mère préparant une corbeille de noces pour sa fille, n'ont égalé son empressement et sa fierté à elle, disposant tout pour le jour du sacrifice.

Quel époux eût-elle pu rêver pour son enfant plus beau, plus aimant, plus fidèle, plus accompli que ce Jésus-Eucharistie, à qui elle confiait son trésor ? — Puis quel époux plus tendrement aimé ???

Ecoutons les confidences de cette chaste fiancée, qui s'épanche dans le cœur de sa mère :

« Strasbourg, 11 juin 1868.

« La paix de Jésus !!!

« Ma bien chère mère,

« Je n'aime pas à laisser passer les fêtes sans vous dire bonjour : et il me semble toujours que quelque chose m'a manqué, quand je ne vous ai écrit. Les fêtes sont des jours de réjouissance, de bonheur trouvé près de Dieu, et puisé surtout au *Tabernacle*. Aujourd'hui que ce bonheur est délicieux !... Que le nom de ce jour rappelle d'heureux souvenirs !!! *Le Saint-Sacrement !...* Le ciel sur la terre, la richesse des élus, le trésor des exilés ; la lumière qui conduit nos pas dans les ténèbres de cette misérable vie, la force qui soutient notre faiblesse dans les sentiers pénibles et rudes de la vallée des larmes...

« Le Saint-Sacrement !!! *Lui* seul satisfait pleinement le cœur : sans *Lui* tout n'est qu'amertume, douleur, supplice, mort... Que faire ?... que rendre pour un tel bienfait ?... C'est l'amour qui donne : il faut rendre l'amour. L'amour réclame l'amour, un abîme appelle un autre abîme. Mais, hélas ! notre pauvre cœur est plutôt un abîme de misères.

« ... L'amour sur la terre existe surtout en désirs : il sera réalisé au ciel...

« Oh ! voilà que je m'oublie, chère mère, ma pauvre

plume m'entraîne toujours, quand elle comprend mon âme, et qu'elle s'y abandonne...

« Marie de Sainte-Yvonne,

« S. M. R. »

Si de ce côté la paix et la joie découlaient du sacrifice, il n'en était pas ainsi par ailleurs. Les lettres de Mme de Tinguy, à cette époque, ont une teinte de mélancolique tristesse.

C'est à l'une d'entre elles que répond Mgr Baillès.

†

J. M. J.

Gloire a Marie-Immaculée

« Rome, le 20 juin 1868.

« Madame et bien chère fille,

« ... Le Seigneur daigne vous visiter par la maladie, la souffrance, l'isolement, les occupations et les soins, parfois accablants, qu'exige le gouvernement d'une grande maison. Mais celui qui pour notre bien nous envoie des épreuves, dans sa miséricorde, donne toujours des grâces proportionnées, afin que nous puissions suffire à notre tâche.

« Sur onze enfants, deux sont au ciel, me dites-vous : il faut ajouter que deux autres sont dans le

12

vestibule ; car la vie religieuse est le portique du ciel. Voilà que deux autres enfants se sont noblement croisés...

« ... Six de vos enfants louent, bénissent, aiment, servent le Seigneur : et les cinq qui viennent après eux éprouvent le même besoin de se consacrer à son service. Les soins du bon M. le curé B..., que j'embrasse, y sont sans doute pour beaucoup ; mais l'atmosphère sanctifiante d'une famille pieuse, au milieu de laquelle habite le Seigneur, voilà ce qui assure les fruits du ministère sacerdotal. Oh ! quel service immense, rendu à la jeunesse chrétienne, que celui d'une direction très soignée, et pleine de sollicitude, qui la prémunisse contre le péché, et lui en inspire l'horreur ; et celui de parents éminemment chrétiens, qui s'appliquent à féconder, développer ce germe de sainteté, que le ministère pastoral dépose dans de jeunes cœurs !

« Vous vous êtes efforcée de bien remplir cette obligation ; et le ciel a béni vos soins. Je lui demande avec instance de continuer à vous combler de ses bénédictions ; à la table sainte, où vous vous asseyez bien souvent ; dans l'intérieur de votre château, où le Seigneur est si bien servi : de diminuer vos souffrances, et de répandre dans votre âme les plus douces consolations.

« J'apprends avec bonheur que sous peu on va

mettre la main aux travaux de construction d'une nouvelle église. Ce bon peuple, qui goûte les choses de Dieu, s'approche, je l'espère, de temps en temps des sacrements. La communion du mois est pour les habitants des campagnes la pratique des pratiques.

« Mille choses à Monsieur de Tinguy.

« Je vous bénis avec toute votre si pieuse famille, et je suis, beaucoup plus que je ne le saurais dire,

« Tout vôtre en Jésus et Marie-Immaculée.

« † J.-M.-J^h, anc. Ev. de Luçon. »

Mgr Baillès parle ici de la construction d'une église nouvelle à Mouilleron. Ce fut dans cette année 1868 une des grandes préoccupations de Mme de Tinguy.

Si elle avait à cœur, depuis longtemps, de faire élever pour ses enfants une maison plus saine et plus convenable, elle désirait bien davantage encore pour Notre-Seigneur une demeure plus digne. On peut dire qu'elle fut l'âme de cette œuvre : elle y prodigua ses encouragements, ses conseils et son argent ; elle mit en avant ses amis eux-mêmes, pour obtenir un secours important du gouvernement.

La demande ayant été accueillie favorablement, elle s'empresse d'en remercier M. de la Vrignais :

« 20 mars 1868.

« Mon cher cousin,

« Quels remerciements ne vous dois-je pas, pour

avoir conduit à si bonne fin notre demande de secours !
C'est certainement grâce à votre obligeante intercession que nous avons tant obtenu.

« De tous côtés on se plaignait de ne rien recevoir :
quelques-uns ont obtenu le tiers ou le quart de leurs
demandes. Pour nous, grâce à vous, c'est la presque
totalité qu'on nous accorde. Aussi sommes-nous
fiers et heureux et bien reconnaissants envers mon
cher cousin.

« Notre pieux curé, qui avait eu connaissance d'un
secours accordé à une église voisine, vint hier chez
moi pour savoir si je n'avais point quelque nouvelle :
le facteur arriva un instant après, me remettant votre
lettre du ministère. Jugez de notre joie à tous !...
M. le curé s'en est emparé, et veut la montrer à tous,
afin de bien constater de qui nous vient ce bon résultat.
Il me prie de vous offrir ses profonds respects et sa
gratitude.

« ... C'est hier, fête de saint Joseph, que cette
bonne nouvelle nous est parvenue ; et c'était précisément à ce grand saint que nous avions recommandé
nos intérêts. »

L'affaire devait se poursuivre doucement, et ce n'est
qu'un an après (mars 1869), qu'on bénit la première
pierre.

« Notre petite cérémonie de bénédiction a été très
bien. Maintenant la pauvre église se renverse : elle

est effrayante à voir. H. est très aimable ; il aide ces messieurs à enlever le mobilier de l'église, confessionnaux, chaises, bancs, autels, qui sont venus s'abriter dans le vieux château : puis on porte les meubles de la sacristie dans la pauvre grange qui va nous servir d'église.

XI

Retraite à R. — Souvenir des bienfaits de Dieu. —
Voyage à Londres. — Le P. Hicks.

1868-1869

A l'automne de l'année 1868, Mme de Tinguy, sollicitée de tous côtés par le tracas des affaires extérieures, sent la nécessité de se recueillir un peu dans la solitude, de reposer son âme et de la retremper aux sources vives et aux souffles purs, dans le désert du Carmel. Elle était arrivée à une de ces heures du voyage, où il est doux et salutaire à l'âme de faire une halte. Quarante-cinq ans c'est le sommet de la vie. Avant de descendre la pente rapide qui conduit à l'éternité, elle eut le saint désir de jeter un regard en arrière, pour voir le chemin parcouru.

Après avoir confié sa chère famille à cette amie si sûre, qu'elle avait appelée à Beaupuy déjà tant de

fois, tranquille de ce côté, elle prit le chemin de R...,
où elle arriva le samedi, 3 octobre.

Dès le lendemain, elle entrait dans la retraite, et se
plaçait avec joie seule devant Dieu seul.

Nous ne la suivrons pas dans ses méditations,
qu'elle écrit régulièrement chaque jour : nous en
détacherons quelques pages seulement, où elle repasse
rapidement ces quarante-cinq ans écoulés. Cette énu-
mération, si brève qu'elle soit, suppléera à beaucoup
de détails, qui nous manquent sur les jeunes années
de sa vie.

SOUVENIR DES DIVERS BIENFAITS DE DIEU

« Connaissance de toute éternité. — Création. —
Rédemption.

« Et en la fête de saint Ligouri, naissance.

« Saint Baptême le jour de Notre-Dame-des-Neiges.

« Née dans une famille chrétienne. — Bons exemples — bons conseils — attrait particulier pour la
belle vertu, et pour la piété.

« Education pieuse, dans une maison religieuse
Sacré-Cœur), dès l'âge de sept ans.

« Impressions de piété ; doux souvenirs ineffaçables.
— Désirs, ou du moins admiration pour la vie religieuse : compris que là seulement est le bonheur.

« Première communion ; pureté de cœur. —

Préservation, — grâces de chaque jour, — appris à connaître le monde et à le haïr (son esprit et son commerce).

« Vie déjà de larmes et d'austères devoirs. A dix-huit ans, — vie retirée, solitaire, méditative avec la croix et peu de joies ; mais doucement tranquille.

« A vingt ans, les grands devoirs, les déceptions, amertumes de cœur ; la croix âpre et austère, mais toujours le bienfait inestimable de la solitude, qui m'a sauvée.

« Puis une préservation miraculeuse, qui me ferait crier par toute la terre, si possible, que ceux qui vont à Dieu avec des intentions pures ne subiront aucun dommage, passeraient-ils dans la fournaise, ou marcheraient-ils sur le lion et le dragon [1].

« Alors, mon Dieu, tant de communions, de confessions ; et depuis, tant de secours !!! tant d'occasions dangereuses évitées ou vaincues !!!... A trente-deux ans, Seigneur, vous le savez !... Oh ! que vous fûtes bon pour votre pauvre enfant ! C'est là mon plus doux souvenir, — tout recevoir et se montrer si ingrate ! Je devrais passer le reste de mes jours à demander mon pardon à genoux.

« Tant que Jésus était présent, tout était facile : — je l'ai perdu par mes infidélités, lâchetés, froideurs ; — et péniblement je me traîne.

[1]. « Frustra jacitur rete ante oculos pennatorum. »

« Mon bon Seigneur, en voyant ce que vous donnez depuis quarante-cinq ans à cette pauvre pécheresse, et le peu que je fais, ayez pitié de moi, car je ne sais comment faire pour me rassurer. Je crains de mourir dans le désespoir. O miséricorde infinie, ayez pitié de moi !!!

« Dans une vie de quarante-cinq années que de communions, de confessions, d'inspirations saintes, de grâces de choix reçues froidement, sans gratitude, sans fruit ; que de fautes commises et non réparées !

« Que de bienfaits !!! — la vocation de mes deux filles : le mieux dans la conduite de mes fils, leur détermination généreuse pour le service du Saint-Père : la piété qui se développe chez la troisième de mes filles : les autres qui ne m'inquiètent pas sérieusement, les deux petits qui sont si intéressants.

« Les âmes d'élite que j'ai connues, les exemples de piété, de courage, de mortification, bien capables de m'humilier et de m'encourager.

« Et jusqu'à ces lourdes croix, que Notre-Seigneur connaît. — Puis une conscience droite qui me montre mes fautes. — Que de grâces, mon doux Jésus !... Et quelle noire ingratitude de ma part ! Après tout cela, peut-on espérer encore un pardon ? O mon Seigneur, mon doux Maître, si vous n'aviez dit que tant que la pauvre âme a un souffle de vie vous êtes disposé à lui faire miséricorde !!!

« Veuillez me l'accorder, Seigneur, avant que je m'en aille : car il se fait tard, et mes jours sont sur leur déclin.

« La nuit du tombeau s'avance pour votre pauvre servante. — Lui faudra-t-il quitter la vallée des larmes, sans avoir rien fait pour vous ? Vous seul pouvez lui donner le courage, qui lui a toujours manqué : peut-être parce qu'elle comptait sur elle-même et non sur vous.

« O force des âmes faibles qui espèrent en vous, ayez pitié de moi ! Que la fin de ma vie vous soit consacrée, et se passe dans votre unique et douce présence ; et que mon dernier soupir soit un acte d'amour pour vous !

« Ainsi soit-il !!! »

Ne nous étonnons pas des cris que pousse cette âme, anéantie devant la majesté de son Dieu. Qu'est-ce qu'une vie, la meilleure, la plus pure, la plus aimante, en regard des bienfaits de Notre-Seigneur ? Aux clartés de la foi cette chrétienne, si tendrement dévouée à son maître, contemple les mystérieuses défaillances, les secrètes froideurs de son amour ; elle les pleure comme on ferait des infidélités et des crimes.

Dans tous ces souvenirs du passé, elle voudrait plus d'œuvres, vivantes de la vie éternelle, et elle gémit sur le vide de ses jours disparus, comme gémit tout chrétien qui se juge selon son vrai mérite.

Mais elle se relève vite, sans donner un instant au découragement ; et elle sort de son entretien avec Dieu, munie de résolutions fortes et pratiques, parmi lesquelles nous remarquons celles-ci :

« Fidélité inviolable à la demi-heure d'oraison chaque matin...

« Douceur envers ceux qui me sont à charge et ennuyeux.

« Présence de Dieu souvent renouvelée dans la journée.

« Une grande application à former le cœur de mes enfants : à les corriger de leurs défauts : à leur inspirer l'amour et la crainte de Dieu : à former leur conscience.

« Mortifications et pénitences. — Toutes les fatigues imposées par la position, mauvaise santé, etc., etc...

« Le bracelet, une heure par semaine.

« Insister beaucoup pour obtenir l'esprit du Carmel, qui est un esprit tout à la fois de présence de Dieu, de zèle ardent pour le bien.

« Vive Jésus !!! »

On remarquera ici cette résolution : « *Le bracelet, une heure par semaine.* »

« Les œuvres de mortification et de pénitence, a

dit saint Grégoire, pape, ne doivent pas être les mêmes en ceux qui n'ont jamais eu de défaillances, en ceux qui ont fait seulement quelques chutes, et en ceux qui sont lourdement tombés [1]. »

Et malheureusement, par un renversement trop fréquent de cet ordre rationnel, ce sont les plus coupables qui songent le moins à expier, tandis que les âmes pures, avides de réparations et de sacrifices, livrent aux sanglantes meurtrissures une chair qui ne fut jamais souillée.

Du reste, par une bénédiction mystérieuse de la bonté divine, les victimes qui s'immolent dans les joies amères de l'expiation, sont les âmes vraiment heureuses de ce monde, en vertu de cette loi de l'amour que saint Augustin formule ainsi : « Le cœur qui aime jamais ne souffre : ou s'il souffre parfois, la souffrance lui est chère. »

Cette paix de l'âme, que Mme de Tinguy avait trouvée dans la solitude, pénétrait tout son être d'un tel calme, d'un si suave bonheur, que sa santé elle-même en ressentit une heureuse influence. Les agitations, les soucis, les préoccupations agitent et usent la vie, comme les souffles de l'air excitent et consument la flamme. Nulle part au contraire la lampe ne brûle plus tranquillement que devant l'autel.

---

1. *Ex homilia 20 in Evangelia.*

D'ailleurs l'atmosphère était douce, on jouissait de cette sérénité des derniers beaux jours, qui donne à l'automne un charme si attrayant.

Mme de Tinguy voulut profiter de ses forces pour faire le voyage de Londres. Mais elle s'inquiétait de sa chère famille; et elle écrivit auparavant à cette autre elle-même, qui veillait sur ses enfants :

« 7 octobre, mercredi. — Ma petite Louisa chérie, je veux te dire que je suis bien mieux portante; les bons jours de repos que je prends ici me font un bien que je ne puis t'exprimer.

« Chère petite sœur, comme c'est à toi que je dois ce repos et ce bonheur, je veux t'en remercier de tout mon cœur.

« ... Le temps est devenu si beau et ma fatigue extrême se passe tellement, que je me crois capable d'aller jusqu'à Londres. J'en ai un bien grand désir ; mais avant de fixer mon départ, je veux que tu me dises si tu peux, sans trop de gêne ou de fatigue, rester chez moi en ce moment...

« Je te parlerai avec grand plaisir du bon temps que je passe ici ! Dieu veuille qu'il en soit ainsi pour toi !... Je suis si tranquille, quand tu es près de mes chers enfants. »

La réponse fut favorable, et le voyage décidé. Mme de Tinguy allait voir à Londres sa fille Sainte-Isabelle, qu'on y avait envoyée en juillet 1867.

Voici une lettre de Sainte-Yvonne, qui nous donne quelques détails sur ce voyage :

« Strasbourg, 18 octobre 1868.

« Ma bien chère mère,

« Je reçois à l'instant votre lettre de Londres, et je suis bien contente de savoir que votre voyage a été si heureux. J'en étais un peu inquiète, n'ayant pas de vos nouvelles, et sachant par G. que vous étiez partie pour Londres : je suis extrêmement surprise et bien contente que vous ayez supporté ainsi la traversée et la fatigue de tout ce voyage. Dieu en soit béni !

« Comme je prends part à la joie de Sainte-Isabelle ! je crois bien qu'elle n'avait jamais espéré avoir un jour le bonheur de vous voir apparaître à Londres... et moi, c'est à peine si je puis le croire !

« ... Comment avez-vous trouvé Sainte-Isabelle ? Vous aurez été surprise de sa charge d'infirmière, dont elle s'acquitte très bien, m'écrit-elle.

« ... Je vais bien maintenant : quelquefois mon larynx est un peu fatigué... mais n'est-il pas fait pour servir ?

« ... Je suis, depuis la retraite, sacristine de l'oratoire de la sainte Vierge : j'en suis très heureuse : j'orne l'autel le mieux que je peux : cela me rappelle Beaupuy ; et je parle souvent à la sainte Vierge de tous ceux qui me sont chers. »

Dans ce voyage à Londres, Mme de Tinguy, animée par sa foi comme toujours, se fit un grand bonheur d'étudier le mouvement catholique dans cette capitale du protestantisme. Partout elle cherchait à s'édifier, sur les places publiques comme dans les églises ; elle fut vivement frappée d'entendre les pauvres femmes, qui balayaient les rues de la grande cité boueuse, et qui pour la plupart venaient d'Irlande, la saluer par ce souhait bien chrétien : « Dieu vous bénisse, Madame ! »

Ce fut dans ce voyage qu'elle trouva sur son chemin l'occasion de faire une bonne œuvre, qui laissera dans son âme un des plus consolants souvevirs de sa vie. Voici comment le fait est raconté par l'institutrice anglaise, qui l'accompagnait alors :

« Un jour, écrit-elle, en nous promenant dans les rues de Londres, nous entrâmes dans une église. Pendant qu'elle faisait sa visite au Saint-Sacrement, je lui dis que je désirais aller voir une de mes amies, une bien sainte âme, qui demeurait là tout près. Immédiatement elle me témoigna le désir de m'accompagner. Mme Hicks, étant très souffrante, gardait la chambre ; toutes deux nous fûmes admises près d'elle. La conversation tomba bientôt sur son fils (un jeune prêtre que je connaissais beaucoup). Sa mère le recommanda à nos prières, car il était sur le point de partir pour Nice, afin d'y passer l'hiver, étant très fatigué.

Mgr Manning lui avait proposé de s'y rendre avec d'autres prêtres, qui devaient là-bas entendre les confessions des Anglais. La pauvre mère regrettait beaucoup que sa santé ne lui permît pas de le suivre, pour l'entourer de ses soins affectueux. Au moment du départ, quand nous descendions l'escalier, le P. Hicks arriva : je le présentai à Mme de Tinguy, et il nous fit rentrer au salon, où nous causâmes quelques instants. Il produisit sur elle une impression très vive. En sortant elle me dit : « Mais si ce bon Père voulait venir passer l'hiver avec nous, combien je serais heureuse : je le soignerais bien. Il est vrai qu'à Beaupuy il fait moins chaud que dans le Midi, mais nos soins lui vaudront mieux encore que l'atmosphère de Nice, où il sera bien seul. »

« Dans la soirée, je retournai près de Mme Hicks lui parler de ce projet : elle en fut bien joyeuse : car Mme de Tinguy *l'avait ravie*. J'allai ensuite trouver le Père à sa paroisse : il fut heureux lui aussi, et me pria d'exprimer sa reconnaissance à Mme de Tinguy. Le lendemain, étant allé voir Mgr Manning, il en obtint la permission ; vous savez le reste... »

Mme de Tinguy arriva à Beaupuy le 7 novembre 1868. Le pauvre malade trouva là une chaude atmosphère d'affection et de dévouement, qui ne put, hélas ! guérir sa poitrine, mais qui consola son cœur. Loin de sa famille, loin de sa patrie, il s'endormit doucement auprès de cette sainte âme, qui l'avait adopté comme un fils, et qui lui promit une place avec les siens dans le cimetière de sa paroisse.

Nous trouvons dans les papiers de Mme de Tinguy une note, où sont consignées les différentes dates de cette bonne œuvre, dont le souvenir lui était bien doux.

Nous la donnons telle qu'elle est, conservant avec un religieux respect la disposition typographique elle-même.

†

J. M. J.

« Révérend Père Edmond Benedict Hicks, arrivé à Beaupuy le 7 novembre 1868 ;

« (A eu vingt-sept ans le 27 décembre) ;

« A dit sa dernière messe le 24 novembre (Saint Jean de la †) ;

« A reçu l'Extrême-Onction le 24 janvier, est mort le 5 février 1869 — 1er vendredi du mois ;

« A été enterré le 7 février 1869, dans le cimetière de Mouilleron-le-Captif, près de mon cher petit Louis.

« R. I. P. — Amen! »

Le Journal de Luçon reçut alors d'un de ses correspondants le récit de ses funérailles que nous reproduisons ici :

« Dimanche dernier, plusieurs prêtres des environs et une foule nombreuse se pressaient dans l'église de Mouilleron-le-Captif pour assister à la sépulture d'un jeune prêtre anglais, décédé au château de Beaupuy.

« Issu d'une famille toujours restée catholique, fils unique d'une femme pauvre, mais remplie d'une foi profonde, Edmond Hicks avait été, dès son bas âge, l'enfant gâté de la Providence. « Ma mère et moi, disait-il, nous n'avons jamais rien eu, et pourtant nous n'avons jamais manqué de rien. » Ce fut encore la Providence qui le conduisit à Londres au moment où s'y trouvait Mme de Tinguy. Il était mourant ; mais un climat plus doux pouvait peut-être le sauver. Mme de Tinguy l'apprit de la bouche de Mgr Manning. Elle s'empressa d'écrire à son mari pour lui demander ce qu'il pensait du projet qu'elle avait formé d'emmener le pauvre malade à Beaupuy. La réponse ne se fit pas attendre. « Dieu, lui écrivit M. de Tinguy, nous a donné du pain pour onze enfants, il nous en donnera bien pour un douzième. »

« Quelques jours plus tard, le jeune prêtre, après avoir reçu les derniers embrassements de sa mère qu'il quittait pour ne plus la revoir, suivait, en France, celle qui devait lui en tenir lieu durant ses derniers jours.

« Pendant trois mois, tout ce qui était capable de

le rattacher à la vie a été fait pour lui, avec ce tact et
cette délicatesse qui doublent le mérite d'une pareille
œuvre.

« Malgré ces soins empressés, la maladie le minait
sourdement, mais sans pouvoir mettre en défaut son
héroïque patience. Sa soumission à la volonté de
Dieu a été admirable. Jamais la moindre plainte n'est
sortie de sa bouche. Et pourtant, mourir à vingt-huit
ans, avec des talents hors ligne et de vastes connaissances qu'il eût été si heureux d'employer au service
de la sainte Eglise, ce devait être bien pénible pour
le jeune prêtre.

« Dans les instants de calme que lui laissait son
mal, il aimait à parler de sa mère. Quelques jours
avant qu'il mourût, cette femme admirable, atteinte
elle-même d'une maladie grave, lui écrivait pour lui
dire qu'elle espérait rester après lui sur la terre et
avoir assez de courage, au moment où elle apprendrait
sa mort, pour se prosterner à deux genoux et réciter
un *Te Deum*.

« Il n'a manifesté qu'un seul désir, irréalisable,
mais pourtant bien légitime. « Si encore, disait-il à
Mme de Tinguy, ma pauvre mère pouvait venir une
seule fois prier sur ma tombe ! Vous la remplacerez.
Lorsque *je serai sous le gazon,* vous viendrez prier
pour moi ; et du haut du ciel, je verrai avec bonheur
cet acte de charité. »

« Quand il a vu la mort approcher, il a mandé près de son lit le personnnel du château, et, devant tout le monde, s'adressant à Mme de Tinguy, qui ne le quittait presque plus : « Je vous remercie, Madame, lui a-t-il dit, je vous remercie de toute l'effusion de mon cœur du bien que vous m'avez fait. Dieu seul peut l'apprécier et vous en récompenser dignement. Je vous bénis, je bénis toute votre famille, je bénis tous ceux qui sont ici. Je bénis la paroisse entière. » Il a ensuite au milieu des pleurs des témoins de cette scène touchante, demandé pardon des peines qu'il avait pu causer. Déjà son agonie commençait. Elle a été longue et terrible ; et c'est le vendredi, 5 février, à trois heures du matin, qu'il s'est endormi dans le Seigneur, et est allé rejoindre au ciel l'innombrable phalange de ses bienheureux compatriotes qui ont fait donner à sa patrie le nom d'île des Saints.

« Deux jours après, Mme de Tinguy, remplaçant jusqu'au bout la mère du défunt, a voulu, malgré la faible santé qu'on lui connaît, accompagnée de sa famille en grand deuil, suivre à pied, de son château de Beaupuy jusqu'au cimetière, la dépouille mortelle du pauvre prêtre étranger. Plusieurs fois, durant la lugubre cérémonie, j'ai vu des larmes couler de ses yeux. Elles ont été plus abondantes au moment de la séparation dernière... Admirable chrétienne ! que Dieu lui donne la récompense dont elle est digne, et qu'il bénisse de ses plus abondantes bénédictions sa famille entière. — Elle me pardonnera, cette noble famille, ce qu'elle pourrait appeler une indiscrétion. Je trouve mon excuse dans cette parole de Jésus-Christ : « Celui qui s'abaisse sera élevé. » Elle a voulu faire le bien pour le bien et sans bruit, c'est le devoir du chrétien, l'Evangile le commande ; mais l'Evangile me donne un droit dont je peux me servir, celui de proclamer ses vertus.   M. »

Dire que la pauvre mère de ce jeune prêtre a con-servé pour Mme de Tinguy de la reconnaissance n'est pas assez, c'est une sorte de vénération.

Plusieurs fois par année, elle a continué de lui écrire, et de lui exprimer des sentiments d'une tou-chante délicatesse. Nous ne résistons pas au plaisir de traduire de l'anglais quelques passages de ses lettres, qui malheureusement ne sont pas toutes conservées.

✝

J. M. J.

« Convent Dover Street Folkestone.

» *Dieu seul !*

« Ma sœur et amie toujours chère, combien je vous remercie de ces magnifiques roses que vous venez de m'envoyer. Que la tombe de mon cher trésor doit être belle, ornée de telles fleurs et entourée de vos soins si maternels : Dieu seul sait quelles consolations j'en éprouve.

« Tout ce que vous y plantez vient à merveille : le lis est bien, comme vous me le dites, l'emblème du cœur pur de mon trésor, qui repose maintenant au ciel...

« ... Quel chagrin j'ai d'apprendre que vous avez été à Londres, et que je ne vous ai pas vue ! Combien j'aurais désiré cette joie : maintenant elle est perdue pour moi. Mon cœur est cependant bien consolé, en apprenant de vous-même que vous m'aimez toujours. Que puis-je vous dire en retour, sinon vous assurer de nouveau que je conserve toujours la même tendre affection pour vous, qui veillez avec la sollicitude d'une mère sur les restes de mon enfant bien-aimé. R. I. P.

« ... Je prie tous les jours pour vous, sœur bien-aimée, faites de même pour moi : et surtout pour que je souffre avez une douce patience jusqu'à la fin. Je suis heureuse de savoir que vous êtes vous-même assez bien en ce moment. La prière nous unit toujours. Que Dieu vous bénisse et les vôtres ! Avec beaucoup d'affection dans les SS. cœurs de J. M. J.

« Votre toujours aimée sœur et amie,

« FRANÇOISE HICKS[1],
« Tertiaire de Saint-Dominique, Enfant de Marie. »

---

1. Cette femme d'un grand cœur devait avoir la douleur de

survivre à Madame de Tinguy. Celle qu'elle aimait à nommer sa sœur, partait la première : sa dépouille mortelle allait être déposée auprès des restes du prêtre, leur enfant à toutes les deux, pendant que son âme rejoignait au ciel l'âme heureuse et toujours aimée.

Au milieu des lettres de condoléance, écrites après la mort de Mme de Tinguy, nous trouvons la sienne, qui prend ici sa place.

†

J. M. J.

« Convent Dover Street Folkestone, 1er avril 1887.

« Ma jeune amie très bonne et très chère,

« Agréez mon affectueuse et profonde sympathie : dans votre amer chagrin mes larmes coulent avec les vôtres. Je voudrais soulager vos cœurs brisés : je ne le puis ; mais je vous demande de vous reposer au pied de la croix : le soulagement descendra sur vous du cœur sacré de Jésus...

« Je ressens profondément votre chagrin, ma jeune et très chère amie, moi qui ai pu apprécier ce beau et noble cœur, glacé maintenant. Quelle tendresse dévouée ne m'a-t-elle pas montrée, cette sœur et amie, qui a veillé sur mon fils mourant avec l'affection délicate d'une mère (*with a mother's gentle love*) ; qui s'est constituée, pendant de longues années, la gardienne de ses restes sacrés, avec un dévouement inaltérable. Maintenant le ciel les a réunis tous deux. R. I. P.

« Que sa mort a dû être belle ! Les douces paroles, qu'elle vous a si souvent répétées, rempliront toujours vos cœurs de consolation. Elle était mûre pour le ciel. Son courage et sa confiance disaient assez que sa couronne était prête : le Sacré-Cœur l'a bénie et l'a prise.

« Je ne puis vous écrire davantage : je sens que toutes mes paroles avivent la douleur de vos cœurs affligés.

« Quand vous priez auprès de sa tombe sainte, pensez que je suis avec vous : c'est là mon plus ardent désir.

Au pied de la croix, je porterai votre souvenir : puissé-je vous procurer soulagement et consolation. Ma prière de tous les jours sera pour mon absente aimée, ma sœur et amie.

« Rappelez-moi au souvenir de vos frères et sœurs : j'espère que vous m'écrirez quand vous serez plus en état de le faire, et que vous me direz tout ce qu'il me sera si doux de savoir, au sujet de notre vénérée défunte.

« Dieu vous bénisse, ma jeune amie très chère.

En union avec le cœur de Jésus.

« Toujours votre affectionnée,

« FRANÇOISE HICKS,

« Tertiaire de Saint-Dominique, Enfant de Marie. »

XII

*Antoinette à Beaupuy (premier exil.) — Retour
au noviciat. — Vœux secrets de Sainte-Yvonne.
— Epreuve. — Vœux publics de Sainte-Yvonne.
— Mariage de M. G. — Marguerite-Marie.*

1869-1870

Soigner la tombe du père Hicks fut toujours
une douce joie pour Mme de Tinguy, et la
visiter un pieux devoir : désormais, dans ce
coin de cimetière, elle avait trois enfants, et elle aimait
à s'agenouiller sur cette terre bénie.

« Viens donc samedi soir, écrit-elle à une amie ;
je pense que tu serais contente d'aller avec nous prier
sur la tombe *du cher Père,* le matin du dimanche
des Rameaux, comme c'est l'usage ici. »

Si elle avait le culte de ses chers disparus, elle
avait à un suprême degré l'amour de ceux qui survi-

vaient. Et l'amour, a dit un ancien, est une chose pleine de sollicitude et d'anxiété [1].

Au début de cette année, elle était tourmentée par « mille affaires » et surtout par le peu de santé d'une de ses filles.

« Notre petite L. a eu la fièvre la nuit dernière ; elle est mieux, mais c'est ennuyeux de lui voir toujours quelque chose. *Je ne vis plus quand elle est malade.* » (15 février 1869.)

De ce côté, elle n'était qu'au début d'une suite de tourments, qui ont fait de ses dernières années un long et douloureux martyre.

Par ailleurs Antoinette, au milieu de la ferveur du noviciat, n'oubliait point sa mère. De jour en jour sa tendresse pour elle se divinisait, mais parfois l'angoisse de la séparation lui donnait de violents coups dans le cœur. Elle écrivait sur son journal à la date du 28 janvier 1869 :

« Grande tristesse encore et amertume d'âme ; il me semble que je ne verrai pas le jour tant désiré de mes vœux, que je vais bientôt mourir, et que je n'aurai pas la consolation de revoir ma mère sur la terre ! »

En outre, elle souffrait de « misérables verrues », si nombreuses qu'elles lui rendaient impossible tout travail des mains.

---

1. *Res est solliciti plena timoris amor.* (Ovide).

On emploie pour les faire disparaître remèdes...
et prières... mais inutilement... « Les verrues sont
rebelles et tenaces comme ma tête de Bretonne »,
écrit la spirituelle enfant.

Mme de Tinguy s'en inquiète cependant, et elle
recommande à sa fille de tout faire pour la guérison
de ses mains : elle lui propose même un traitement
spécial, chez des sœurs garde-malades à Strasbourg
ou à Paris.

Ce qui jette la fervente novice dans une per-
plexité telle que sa mère est obligée de la rassurer.

24 avril 1869. « Reçu une bonne lettre de ma mère,
qui m'a fait très grand plaisir ; elle me console en me
laissant espérer le retour du calme. En effet, il est
rétabli, avec la joie, et un redoublement de reconnaissance envers celui qui fait luire le soleil après les
ténèbres et renaître le calme après les tempêtes. »
(Journal.)

Mais comme elle veut avant tout ce que Dieu veut,
quand une fois ses supérieures ont décidé de l'envoyer
passer quelque temps à Beaupuy, elle obéit avec
joie. Elle appréhende néanmoins pour sa mère une
« *seconde séparation* ».

Après avoir fait une neuvaine à Marie, pendant
son beau mois, elle part de Strasbourg, passe à
Paris, où elle revoit sa sœur Sainte-Isabelle, et arrive à
Beaupuy le 3 juin. Elle écrit dans son journal :

« Le voyage a été très heureux, pour le premier que je fais seule. J'ai toujours été avec le Maître. De temps en temps j'aperçois le petit clocher, qui indique sa demeure sur notre pauvre terre. Cela fait paraître le temps moins long de voir souvent *Celui* avec qui j'ai vécu ; *Celui* pour qui je veux vivre et mourir. »

Sa santé un peu affaiblie devait bien vite se fortifier, grâce aux soins délicats de sa mère, et sous l'influence de l'air pur de la campagne, qu'on respirait à pleins poumons à cette saison de l'année. — « Si tu voyais comme il fait beau, écrivait à cette époque Mme de Tinguy à une amie, tu ne pourrais t'empêcher de venir passer quelque temps avec nous. Mais il ne faut pas que je te tente, car je sais que tu veux accomplir ton devoir avant tout... Jamais je n'avais trouvé le printemps si beau, si vert, si frais, si parfumé : je crois qu'il y a moitié plus de rossignols que d'habitude. »

C'était au milieu de cette atmosphère embaumée que la jeune religieuse allait retremper la vigueur de son corps malade.

Quant à la tranquillité de l'âme, cette sainte enfant échangeant son cher couvent pour Beaupuy devait trouver dans cet asile pieux, près du cœur de sa mère tout brûlant de l'amour divin, quelque chose de la paix religieuse.

« ... Ici, écrit-elle, nous menons une vie presque monastique, à part la régularité ; nous avons consacré la journée à faire la retraite du mois, ayant trois méditations, une revue, que nous a donnée M. l'abbé...

« Nous avons la messe deux ou trois fois la semaine à Beaupuy : je vais tous les matins à la messe... le soir, la prière en commun, suivie d'une lecture pour le mois du Sacré-Cœur. .

« Je suis presque toujours avec ma mère, travaillant un peu, ou me promenant avec mes sœurs, pendant leurs récréations. »

Comme l'amour de Dieu, à l'instar de la flamme, consume et propage l'incendie, la ferveur de la novice cherche à faire du zèle.

« J'ai trouvé ici deux institutrices qui ont bien l'air d'aspirer à la vie religieuse. Peut-être en emmènerai-je une à mon retour ; l'une est Anglaise et l'autre Bretonne, vingt et un ans et vingt-huit... Une femme de chambre qui ne sait dans quelle communauté aller... elle serait peut-être aussi pour notre société : je la recommande à vos prières. »

Si bien que Mme de Tinguy est presque obligée de s'en plaindre.

« Ne me connaîtrais-tu pas une bonne femme de chambre ?... La mienne a encore, elle, des projets de couvent !!! »

Mais quelle joie pour cette mère si aimante de posséder sa fille !

« Tu sais que j'ai ici ma chère petite Antoinette, pour quelques semaines... C'est une grande satisfaction pour moi d'avoir cette enfant, qui est heureuse, mais qui désire encore plus retourner dans son cher couvent. »

Et encore :

« Antoinette reprend des forces depuis qu'elle est ici ; elle en avait besoin, mais ses verrues ne s'en vont pas vite. » (Lettre.)

Le P. de R..., qui s'était chargé de les faire disparaître, demandait deux mois de traitement.

En juillet, il vint lui-même passer un jour à Beaupuy, où tout le monde admira sa sainteté, à la fois spirituelle, simple et joyeuse.

« Il a été bien apprécié, écrit Sainte-Yvonne, ce qui me fait tant plaisir : il n'y a qu'une voix pour dire : « Quel saint ! »

Cependant la santé de Mme de Tinguy était chancelante, et le docteur insistait et prescrivait les Eaux-Bonnes. Me voilà « bien contrariée », s'écrie-t-elle.

Elle part vers la fin de juillet et reçoit, presque à son arrivée, une lettre de Sainte-Yvonne, toute joyeuse de l'espoir du sacrifice.

« ... Qu'il me tarde de voir poindre le jour si

désiré de mes vœux ! Je ne me possède pas de joie, en le voyant dans un avenir *assuré*. Il a été si compromis ce bonheur !!... par de chétives verrues !!... Oh ! n'est-ce pas, vous ne me garderez pas longtemps, loin des tabernacles de mon Dieu ! Je n'ai plus rien à faire ici ; sa volonté a été manifestée pour mon arrivée, elle le sera pour mon départ ; et j'irai me dévouer au service du Maître, à sa gloire et au salut des âmes. Je vous serai plus utile près du Maître. Il est plus puissant que moi pour vous aider, vous consoler, vous soutenir dans les travaux et les peines de l'exil. »

A son retour des eaux, Mme de Tinguy juge à propos, pour la santé de son enfant, de prolonger encore son séjour à Beaupuy.

Mais la jeune fiancée de Jésus n'y tient plus ; elle a des accents d'une amoureuse mélancolie, comme ceux-ci : « Je ne vis plus loin du Tabernacle : je me traîne avec mes faiblesses ; inutile à tout, incapable de tout : *pauvre herbe arrachée de sa terre bénie, qui n'a plus qu'à sécher sur un autre terrain !* »

Et ce vœu ardent de son âme, elle l'exprime à chaque page de son journal, dans chacune de ses lettres, avec un calme, une paix inaltérables, mais avec cette monotonie obstinée de tous les sentiments profonds, qui renaissent partout et toujours, que rien ne peut étouffer. En écoutant ces plaintes harmonieuses, on croirait entendre *Le Désir,* de Schubert. C'est le gémissement sourd, incessant de la vague, que l'océan infini pousse au rivage.

Au mois d'octobre enfin, sa mère elle-même la conduit à Paris, où elles arrivent ensemble le 7. C'est avec une grande joie qu'elles retrouvent là Sainte-Isabelle : joie bien vite trempée par les larmes des adieux.

Après huit jours, pendant lesquels Mme de Tinguy eut le bonheur de faire un triduum sous la sage direction du P. Olivaint, il fallut se séparer et briser cette union intime et douce, dont jouissaient la mère et les deux filles.

Sainte-Isabelle demeurait à Vaugirard ; Sainte-Yvonne partait pour Strasbourg ; et la pauvre mère désolée revenait en Vendée.

« J'ai laissé ma mère assez bien : la deuxième séparation lui a été plus pénible que la première ; mais sa foi, son amour de Dieu lui ont donné force et courage. » (Lettre de Sainte-Yvonne à Geneviève de Tilly.)

Mme de Tinguy était retournée à Beaupuy reprendre ta tâche maternelle, auprès de ses chers enfants ; sâche interrompue de temps en temps par des devoirs de société ou de parenté.

C'est ainsi que le 24 novembre elle assistait, à Saint-Aubin, au service du vieux général de la Rochejaquelein.

Au mois de décembre, elle eut de sa fille Sainte-Yvonne une heureuse nouvelle. Nous disons *heureuse nouvelle ;* car elle était de ces âmes, pour qui la plus petite des grâces de Dieu vaut mieux qu'un monde.

La chère religieuse avait reçu de ses supérieures la faveur de contracter, par des vœux secrets, l'alliance depuis longtemps désirée.

Nous avons devant nous la formule qui servit dans cette occasion : les caractères en sont presque effacés par les larmes de joie, qui tombèrent ce jour-là des yeux de la pauvre enfant.

Ce souvenir consacré a été retrouvé dans les papiers de Mme de Tinguy : elle conservait ce touchant témoignage du sacrifice, avec plus d'amour et plus de bonheur qu'une mère ne garde les fleurs d'oranger qui ont paré le front de sa fille. Cette formule est signée :

« Marie de Sainte-Yvonne,

« S. M. R.

« Marie de Sainte-Agnès,

« Sup. S. M. R.

« Marie de Sainte-Hildegarde,

« S. M. R.

« Fait à Strasbourg, dans l'église de notre maison Saint-Joseph, le 8 décembre 1869. »

Voici la lettre de la joyeuse enfant :

« Ma bien chère petite mère,

« L'heureuse nouvelle ne vous est pas encore parvenue, si ce n'est peut-être par Sainte-Isabelle : je n'ai pu trouver un moment pour vous faire partager la joie que m'a procurée la si chère fête de l'Immaculée-Conception, dont le souvenir me sera précieux à plus d'un titre. Vous devinez, n'est-ce pas ? est-il besoin de dévoiler le secret ? Eh bien, j'ai eu le bonheur de faire mes vœux de dévotion en particulier : la Révérende Mère Supérieure a bien voulu me le permettre.

« Ce n'est que la veille au soir qu'elle me l'a dit : jugez de ma joie... je ne m'y attendais pas le moins du monde : je m'attristais, en voyant cette belle fête arriver. Je l'avais tant désirée, afin de prononcer mes vœux ce jour-là. Vous savez que j'avais tout calculé pour cela, en quittant la maison, il y a deux ans.

« J'avais accepté le sacrifice cependant, et je n'ai rien demandé ; mais le Maître est si bon !... Il aime faire des surprises, et quelles surprises !!!...

« Dans deux ou trois mois je ferai mes vœux publiquement : je recevrai le voile bleu et le cœur : vous en serez témoin, j'espère : il me tarde de vous voir prendre part à mon bonheur, et aussi au mérite de l'immolation de la petite victime, *que vous avez donnée si généreusement au Maître...*

« Je ne puis dire quelle consolation inonde mon âme, depuis que je puis m'écrier : Tout est consommé : je suis à Dieu seul pour toujours, et cela en qualité d'épouse. Aidez-moi à rendre grâces, chère petite mère : je serais si heureuse de remercier d'une manière moins indigne de Dieu...

« Comme j'ai pensé à vous, chère petite mère, au beau jour qui m'a faite la propriété de Dieu. Il ne pouvait rien me refuser ; aussi en ai-je profité, pour demander beaucoup pour ceux qui me sont chers. Sainte-Isabelle m'a écrit, il y a deux ou trois jours ; elle me dit que vous êtes souffrante ; j'espère que ce n'est pas grave.

« Que je voudrais voir l'affaire de G. terminée ; cela vous épargnerait bien du tourment et bien de la fatigue.

« ... J'ai l'espérance que nous fonderons une maison à Nantes, et peut-être bientôt ; je pourrai donc, un jour ou l'autre, revoir ce soleil de Bretagne, et ceux que j'ai laissés là-bas. »

Et dans son journal, au lendemain de ce grand jour de l'immolation :

« 9, mardi. — Méditation sur la virginité. Notre-Seigneur est vierge : il a voulu naître d'une vierge. —

Il est plus aux vierges qu'aux autres justes ; et les vierges sont aussi plus à Lui. — Dieu accorde des grâces de choix aux vierges. Il a un ciel pour elles : où elles jouissent d'un bonheur connu d'elles seules : elles chanteront un cantique, qu'elles seules sauront : puis elles suivront l'Agneau partout où il ira. Que cette espérance a de charmes, dans les peines et les ennuis qui se rencontrent !!!

« *La virginité ne peut être comprise que par les âmes généreuses.* »

Si le front d'une vierge porte une couronne de lis au suave parfum, on peut dire que celui d'une mère chrétienne est ceint d'un diadème de cruelles épines.

Mme de Tinguy fut privée d'assister aux vœux de Sainte-Yvonne, qui avait espéré jouir de sa douce présence ; à ceux de miss Wyat ; au mariage de son fils G. : autant d'épreuves pénibles pour son cœur.

On peut dire en toute vérité que cette année 1870 fut pour elle une année terrible. C'est bien à elle surtout que peuvent s'appliquer ces paroles, que Sainte-Yvonne écrivait dans son journal :

« ... Avec les regrets du passé, mêlés d'espérance pour l'avenir, disons à l'année qui s'ouvre : Salut, inconnue, qui nous arrives : tu nous viens, tout enveloppée de voiles ; nous ne pouvons voir si ton visage est riant ou sévère ; si tes mains encore fermées nous apportent bonheur ou infortune : tu es mystérieuse pour nous ; mais béni soit ce qui nous vient au nom du Seigneur ! »

« 3 janvier, lundi. — Grande amertume de cœur en sachant ma pauvre mère souffrante ; et surtout, l'incertitude dans laquelle elle me laisse m'est encore plus pénible. Pauvre mère ! et je ne puis rien pour elle ! Quel soulagement lui apporter ? Quel baume pourra adoucir sa douleur que j'ignore ? Quel remède fermera sa blessure qui est cachée à mes yeux ?... Je puis lui donner des prières, voilà ma ressource ; mon impuissance à la soulager sera remplacée par la puissance de Dieu, qui ne sera pas sourd à mes supplications pour ma pauvre mère... »

L'affectueuse enfant souffrait des angoisses de l'incertitude ; Mme de Tinguy, elle, endurait les tortures de la réalité. Elle passait en effet dans ce moment, au dire d'une personne qui vivait près d'elle, par une des plus terribles épreuves de sa vie. Mais Dieu, dans son infinie bonté, eut pitié de ses sacrifices et de ses larmes, et grâce à l'exquise délicatesse de la famille dans laquelle entrait son fils aîné, ses appréhensions se dissipèrent pour faire place à la plus joyeuse espérance.

C'est dans ce sentiment d'une âme pacifiée qu'elle écrit à sa chère enfant, en lui exprimant le regret qu'elle éprouve de ne pas la présenter elle-même à l'autel du Seigneur, le 25 mars.

Demeurée presque seule à Beaupuy, pendant que
M. de Tinguy, avec ses autres enfants, assistait aux
vœux de la chère Antoinette, elle savoure en silence
les joies amères du sacrifice. Ce jour-là elle fait dire
la messe dans sa chapelle, où plusieurs personnes
pieuses viennent unir leurs prières aux siennes. Elle
communie avec elles, persuadée que « *la croix est
légère sur l'épaule, quand l'Eucharistie est dans
cœur* [1] ».

Dès le lendemain 26 mars, la victime, encore tout
heureuse, écrit :

« Samedi, 26 mars 1870.

« Ma bien chère petite mère,

« *La Paix de Jésus.*

« Quelle belle fête le Maître m'a donnée hier 25 ;
nous étions tous au pied de l'autel, sur lequel reposait
Celui qui voulut bien se faire mon époux. Votre présence visible manquait, mais votre cœur et le mien
n'étaient pas séparés ; et Jésus, auteur et source de
mon bonheur, vous aura fait sentir qu'il était bien
notre *Tout ;* à tous, et à chacun des membres de
notre famille, qu'il aime avec prédilection. — Que de
bénédictions elle a dû recevoir en ce jour ; car l'âme,

1. Paroles de Sainte-Yvonne.

qui est devenue la propriété de Dieu, lui appartenait, et elle participe aux mérites de l'immolation.

« Quel honneur et quel bonheur d'avoir donné une âme à Dieu ! C'est la grande chose que nous puissions faire, et Dieu ne peut rien de plus pour sa créature que de se donner à elle, et de la prendre pour épouse.

« ... J'embrasse de tout mon cœur mon cher H., qui se fait toujours votre fidèle compagnon.

« Le Maître m'appelle : je vais en adoration, où je penserai bien à vous.

« A Dieu, chère petite mère, vous savez tout ce que renferme pour vous le cœur de la petite épouse que vous avez donnée à Dieu.

« Marie de Sainte-Yvonne,

« S. M. R. »

En post-scriptum on lisait :

« Voici une bonne lettre qui vous fera grand plaisir. Sainte-Yvonne me l'apporte. Dieu seul connaît les trésors, renfermés dans cette chère et si belle petite âme, toute au Maître maintenant.

« Marie de Sainte-Isabelle,

« S. M. R. »

Sous la même enveloppe, la jeune religieuse, qui savait avec quelle joie sa mère goûtait toutes les délicatesses de la piété, avait glissé une image ; on y

voyait une colombe et une croix, avec cette devise :
« Si le ciel est notre terme, la croix est le chemin qui
y conduit. »

Au verso de la gravure elle avait écrit :

« A ma bien chère mère,

« Souvenir de mes premiers vœux.

                         « 25 mars 1870.

« La croix peut tout remplacer et rien ne la rem-
place. Nous souffrons parce que Dieu est bon et qu'Il
nous aime. Aucun soupir, aucune larme n'échappent
au cœur de notre doux Maître ; et au cri de douleur
que la souffrance nous arrache, Jésus répond du fond
de son Tabernacle : « Venez à moi vous tous qui souf-
frez, et je vous soulagerai ; vous qui êtes affligés, et je
vous consolerai. »

« Vaugirard.

           « MARIE DE SAINTE-YVONNE,

              « S. M. R. »

Nous insistons sur tous ces détails, afin de montrer
quelle foi profonde et quelle délicate piété Mme de
Tinguy avait inspirées à ses enfants ; et si la mère
comprenait sa fille, comme la fille aussi comprenait sa
mère.

Cependant Dieu, qui, connaissant la mesure de nos
forces, ne veut pas que tout ici-bas soit pour nous une
souffrance, réservait à Mme de Tinguy « *une grande*

consolation » , comme elle l'écrit elle-même, car Mademoiselle de la R... est aussi pieuse, simple et douce que je pouvais le désirer pour ma fille... Je crois que tu l'aimeras, chère L. J'en serais si heureuse ! »

Toutes les deux devaient l'aimer en effet ; mais l'avenir lui réservait, à elle surtout, une vive et profonde sympathie pour cette jeune fille, qui allait devenir son enfant. S'il nous était permis de dévoiler ici les intimités tendres et les épanchements affectueux de ces deux âmes, on ne pourrait assez admirer les dispositions de la divine Providence. Sous sa main toujours bonne, le temps, les choses et les hommes se meuvent avec une étonnante souplesse, et dans le monde surnaturel, il est des harmonies et des rythmes plus merveilleux que dans les sphères célestes. Si les volontés souvent ne voient, pas plus que les étoiles où Dieu les conduit, qu'importe après tout ? Et qu'importe encore que sa bonté nous pousse au but, à travers les tristesses sombres, ou au milieu des joies rayonnantes ? N'est-ce pas dans la nuit que brille l'étoile ; et n'est-ce pas dans l'épreuve que l'âme resplendit ?

Ce fut le 27 juin 1870 que l'on célébra le mariage de son fils G. avec Mlle Marie de la R.

Mme de Tinguy fut empêchée d'y assister, nous l'avons dit déjà, comme elle avait été privée, quelques semaines auparavant, de se trouver aux vœux de miss Wyat, une institutrice anglaise, qu'elle avait beaucoup aimée.

C'était le 6 mai qu'elle avait fait profession chez les Clarisses à Nantes, et c'est là que depuis lors, sous l'humble bure des filles de sainte Claire, portant le nom de sœur Marie de l'Incarnation, elle prie et se sacrifie pour expier les défaillances et les péchés des hommes.

Mme de Tinguy avait voulu se dédommager, il est vrai, de son sacrifice par une de ces délicatesses qui étaient si douces à son cœur, en procurant elle-même la couronne virginale, que portait ce jour-là l'épouse de Jésus pauvre et crucifié, et en envoyant ses enfants la représenter à cette touchante cérémonie.

Puis elle était si heureuse, quand elle savait les autres heureux, qu'elle oubliait ses tristesses.

« Va donc, écrivait-elle à une amie, au mariage de ce pauvre G. qui est si joyeux, et prends-y une part de bonheur dont je ne pourrai jouir. Quel malheur que ton cher H. ne soit pas libre à cette époque ! Ce sera franc et gai. Félicite-le de ses magnifiques succès : tu dois en être bien fière, et son bon père aussi : tu voudras bien lui faire mes affectueux compliments. Aux vacances, je serai remise, j'espère, si Dieu me prête vie : alors je vous verrai tous ici. »

Elle ajoutait mélancoliquement :

« Je compte rester seule ici pendant le mariage : ce sera vraiment le moment douloureux pour moi. »

Ce fut en effet pour elle un brisement de cœur.

Et le prêtre vénérable, un ami de la famille de la R., qui bénit ce mariage, avait bien sujet d'exprimer cette pensée, en s'adressant aux jeunes époux :

« ... Vos pères et vos mères surtout vous diront qu'il n'est point en ce monde de félicité parfaite, et que la main de Dieu mêle toujours quelques gouttes amères à la coupe qu'il nous destine, mais qu'il sait aussi nous y faire trouver de véritables compensations. »

Puis il ajoutait :

« En présentant votre épouse à votre mère, qui eût éprouvé, nous le savons, une joie si douce en vous conduisant à l'autel, priez-la d'adopter sa nouvelle fille, de lui donner une place dans son cœur si aimant. Dites-lui combien vivement nous regrettons son absence, et eussions souhaité qu'elle pût entendre cette demande, que nous aussi nous lui adressons, en l'assurant de la déférence, du dévouement et de l'affection sincère de votre épouse. »

Quelques jours plus tard — le 8 juillet — Mme de Tinguy mit au monde une petite fille, qui reçut au baptême le nom de Marguerite-Marie. Cette enfant était un ange du paradis, qui devait à peine se poser un instant « *sur nos branches* ».

Mme de Tinguy avait eu comme le pressentiment de ce départ hâté, dans un phénomène mystérieux, qu'elle aimait plus tard à raconter elle-même.

Au moment où elle donnait naissance à cette enfant, éclatait dans le ciel un violent orage. L'air était étouffant ; et pour laisser la malade respirer plus librement, on avait ouvert la fenêtre. Tout à coup un éclair éblouissant pénètre dans la chambre par cette baie spacieuse. Toutes les personnes présentes éprouvent une violente commotion, tandis que la mère, calme, tranquille et souriante, aperçoit le fluide électrique s'arrondir en spirales aux mille couleurs au-dessus du berceau de l'enfant, et s'évanouir doucement, comme une couronne radieuse qui s'envole au ciel ; laissant après elle le reflet mystérieux des visions de l'autre vie.

La mère comprit que son enfant ne ferait que passer sur cette terre, et qu'elle irait bientôt chercher sa couronne. Douze jours après, en effet, il fallait préparer un cercueil pour la dépouille de cet ange envolé ; le deuil suivait de près la joie des fêtes, enseignant, une fois de plus, qu'ici-bas notre vie est une succession ininterrompue de plaisirs et de douleurs, de déceptions et d'espoirs.

XIII

*La guerre. — La chapelle de Beaupuy. — Le tiers-
ordre du Carmel. — Les Auxiliatrices des âmes
du Purgatoire. — Son zèle. — Maladie de Sainte-
Yvonne.*

1870-1872

Le 9 juillet, la guerre éclatait, terrible, entre la
France et la Prusse.

Autour de Mme de Tinguy, ce sont des
départs, des séparations douloureuses ; son cœur
de chrétienne et de Française est animé d'un vaillant
courage, et ne laissera pas vite s'échapper la dernière
espérance.

Mais, hélas ! les événements se précipitent, avec une
rapidité vertigineuse, vers un désastre universel ;
bientôt l'alarme se répand dans toutes nos provinces.

Mme de Tinguy écrit à cette époque :

« Beaupuy, 14 septembre 1870.

« Ma L. chérie, si tu savais combien nous pensons à toi et à tous les tiens. Ton cher neveu L. est parti ; dis à ses parents que j'ai pleuré son départ avec eux et avec toi. Que devient ton H. et son cher père ? Et toi, bonne chérie ! si tu as un jour libre, viens donc nous voir.

« Nos enfants G. et H. sont encore à la caserne ici ; Marie est changée comme la mort, et bien triste. Mes deux religieuses sont ici et Louis aussi. A Dieu, ma chère petite, je t'embrasse de tout mon pauvre cœur. Donne-nous de tes nouvelles. Dieu sauve la France ! Nous ne sommes pas effrayés, mais attristés et malheureux.

« Ta pauvre sœur,

« GEORGINE. »

Après les premières défaites, et à la nouvelle de l'invasion, Mme de Tinguy avait fait venir ses deux filles religieuses à Beaupuy.

Et Sainte-Yvonne écrivait dans son journal :

« Lundi, 22 août 1870. — Guerre terrible : départ de Vaugirard : arrivée à Beaupuy avec Sainte-Isabelle, Sainte-Regina et Sainte-Balbine. Tristesse causée par l'EXIL de mon cher couvent. »

Mme de Tinguy s'intéresse aux inquiétudes de tous ses amis, éprouvés comme elle par les séparations et les départs.

« Ma bonne petite L., écrit-elle, nous avons été bien touchés de la visite de ton cher H. Il nous a fait le plus grand plaisir : pourquoi faut-il que ce soit en de si tristes moments et pour cause de départ ?... Dis-nous, chère amie, où il est rendu, et si tu as des nouvelles de son père, de L. et de toute ta famille...

« Ici nous sommes bien tristes, par suite du départ de nos chers mobiles ; mais nous sommes tranquilles et confiants dans l'avenir. Nous espérons que le bon Dieu aura pitié de la France, et que l'intercession de la sainte Vierge nous sauvera...

« Ma pauvre amie, prions donc de tout notre cœur : c'est le seul espoir en ce moment. Vous allez être consacrés au Sacré-Cœur dans votre diocèse : il faut espérer que vous serez tous préservés.

« Louis est toujours ici : il sera si heureux de te voir, si tu peux te décider à venir à Beaupuy : mes deux religieuses également et tous les membres de la famille, sans exception.

« Je te dis au revoir et t'embrasse mille et mille fois de tout mon cœur.

« Ta pauvre sœur,
« GEORGINE. »

Ceux qui ont traversé la terrible épreuve de cette

guerre se rappellent quelles alarmes tourmentaient les âmes dans ces jours bouleversés.

« Je ne savais plus où te prendre, chère amie ; je pensais à toi et à vous tous mille fois par jour, surtout à tes quatre exilés : l'inquiétude de leurs périls ne me quittait point. Ton cher L. s'est vraiment distingué : tu dois en être fière : fais tous mes compliments à ses pauvres parents, qui doivent, malgré tout, être bien inquiets. »

De toutes parts arrivaient les nouvelles désastreuses : par tous les chemins aussi affluaient, hélas! les victimes sanglantes de la guerre.

Dès le début, Mme de Tinguy avait établi une ambulance chez elle ; c'était sa meilleure consolation de prodiguer ses soins, avec cette délicatesse et ce dévouement qu'inspirent le patriotisme et la charité.

« Nous avons au vieux château trois blessés qui nous occupent bien, dont un petit Alsacien de dix-huit ans à peine, très gentil, qui a vu le feu deux fois ; échappé de Sedan, il a été blessé au pied à Orléans ; il est presque guéri ; — et deux zouaves de Charette, dont un jeune Breton du Morbihan — Le Goff, vingt et un ans — un pieux et charmant garçon. Dieu veuille le rendre à ses parents, dont il conduisait la ferme ! Il passe une partie de ses journées à la chapelle. Il a fait la sainte communion samedi : il est admirable !...

« Ils vont retourner à Poitiers bientôt ; et j'en aurai d'autres... »

Ce qui la tourmentait surtout dans ces jours néfastes, c'était de songer aux malheurs de la France, éloignée de ses croyances et de sa belle vocation.

« Espérons pourtant, disait-elle, que le bon Dieu aura pitié de nous. Si on le comprenait et si on se convertissait ! Si on pouvait chasser ce monstre de Garibaldi !!! »

Telle était sa foi vive, que cet égarement de sa chère patrie lui tenait au cœur comme une profonde blessure ; elle comprenait si bien qu'il est certaines heures dans la vie d'un peuple où la colère de Dieu souffle en tempête, pour emporter les miasmes impurs : et l'aveuglement de la France, au milieu de cet ouragan déchaîné, la faisait plus souffrir que les périls des siens ; et pourtant elle ne vit plus, à cause des inquiétudes que lui donnent ses enfants.

« Tu as su, écrit-elle, que notre cher H. était depuis un mois près de Mayenne, faisant partie de l'armée de la Loire. Il m'écrit le 3 (février 1871) de Domfront, où il venait d'arriver, après avoir parcouru dix lieues à pied. Il se rend à Cherbourg, où on l'envoie pour instruire des mobiles. J'en suis bien attristée, ma pauvre amie, car c'est si loin de nous, dans une ville où je ne connais personne... Le pauvre H. est tout triste de s'en aller presque seul, et de

quitter ses amis, MM. de B. et de P., et son bon
aumônier, M. l'abbé de S...

« ... Qu'allons-nous devenir, ma L.?... As-tu des
nouvelles de Paris, de ton bon frère et de ton cher
H.?... Ton neveu L. est-il remis de ses émotions et
fatigues ? Sa conduite a été au-dessus de tout éloge.

« ... J'ai quatre blessés qui m'occupent beaucoup.

« Les enfants se portent bien : si tu voyais comme
la petite Bibi est intéressante.

« Notre église est finie : les bancs s'enlèvent. Nous
devons bien des remerciements à ton bon frère ; car
s'il ne s'était pas pressé à faire payer les fonds votés,
nous n'aurions rien pu avoir. Je t'assure qu'il nous
tarde à tous d'avoir de tes nouvelles.

« Nous t'embrassons de tout cœur, chère Louisa.

> « Ta pauvre sœur,
>
> « GEORGINE. »

Hélas ! nous tombions alors de malheurs en malheurs. Après l'invasion, la guerre civile. Elle était
fort préoccupée et très affligée de toutes ces divisions,
qui déchiraient notre pauvre patrie. Nous trouvons à
la date du 20 mai 1871, sur le cahier où elle inscri-
vait les intentions des messes célébrées dans sa
chapelle, celle-ci : « Afin d'obtenir *la paix* pour la
sainte Eglise, la France, et ma maison, par l'intercession de la sainte Vierge et de saint Joseph ». Et au

samedi 3 juin: « Pour la conversion de tous les pécheurs, ceux de la France en particulier, et spécialement pour nos amis et nos parents, et les habitants de la paroisse. »

Dans ce même cahier, relevons quelques autres intentions, pour montrer la foi, la piété éclairée de cette âme vraiment chrétienne.

Vendredi 16 juin. Fête du Sacré-Cœur. « Messe de réparation pour tous les outrages faits à Notre-Seigneur dans la divine Eucharistie ; en particulier, pour réparer nos fautes. »

Mercredi 21 juin. Saint Louis de Gonzague. « Pour notre petite L. : pour demander à Notre-Seigneur, par l'intercession de saint Louis, qu'il préserve son innocence, et garde celle de tous nos enfants. »

Samedi 24 juin. « Pour nos *bienfaiteurs spirituels;* un souvenir pour notre tante de Rascas. R. I. P. »

Samedi 12 août. Sainte Claire. « Pour demander à Notre-Seigneur l'esprit de prière. Une préparation à la fête de l'Assomption. »

C'est ainsi que, dans sa pieuse sollicitude, elle n'oublie ni l'Église, ni la France, ni ses amis, ni sa chère famille.

Cependant la paix s'était faite peu à peu dans le pays, après les horreurs de la Commune. Ses deux religieuses regagnèrent au plus tôt leur couvent, Sainte-Isabelle partit pour Bruxelles, et Sainte-

Yvonne se rendit à la maison de Nantes, où elle avait été nommée économe.

Mais auparavant elle avait assisté à la cérémonie de confirmation de Mlle T. par Mgr Pie, au Deffend, et à la bénédiction de la chapelle de Beaupuy.

Depuis le *6 octobre* en effet, Mme de Tinguy était entrée dans sa nouvelle maison. Là elle avait voulu une chapelle pour Notre-Seigneur, et cette chapelle, elle l'avait disposée, ornée avec ce tact, avec cette délicatesse et ce bon goût, qu'elle portait en toutes choses.

Rien ne lui coûtait, quand il s'agissait du culte de Jésus-Eucharistie : certes elle n'était pas de ceux qui veulent avoir chez eux un oratoire pour leur aise et leur commodité, et qui traitent leur hôte divin comme ils ne voudraient pas traiter un étranger.

Pour elle, la chapelle devait être plus riche, plus somptueuse qu'aucune autre partie de la maison. Les ornements, elle les voulait non seulement propres et dignes, mais éclatants et magnifiques : et son passe-temps le plus doux était de consacrer à l'ornementation de l'autel ses talents et ses connaissances artistiques.

Les vases sacrés, elle les désirait précieux et du plus grand prix. Un jour quelqu'un, devant elle, s'étonnant de cette prodigalité, et lui faisant remarquer qu'un ciboire et un calice de moindre valeur donneraient le même usage : « Eh quoi ! s'écria-t-elle, pouvez-vous trouver que ce soit trop beau pour Notre-Seigneur ? »

Elle avait sur toutes ces choses de la religion une foi éclairée, un amour ardent, qui faisaient d'elle une âme peu commune et d'une rare élévation.

Le 18 octobre 1871, Monseigneur de Luçon vint bénir la chapelle. Nous trouvons cette date et ce souvenir dans le journal de Sainte-Yvonne, qui écrit : « Bénédiction de la chapelle le 18 octobre par Monseigneur. — Touchante cérémonie qui m'a bien émue, en me rappelant mes vœux, faits en face du même autel. »

A ce moment déjà Mme de Tinguy était unie à Notre-Seigneur par des liens tout particuliers : et elle était bien heureuse de lui témoigner, par un culte plus ardent et plus généreux, sa vive reconnaissance.

En effet, le 9 juillet 1871, à 11 heures du matin, elle avait été affiliée au tiers ordre de Notre-Dame du Mont-Carmel, dans l'Église des P. P. Carmes, à R..., où elle avait fait profession, en prenant le nom de *Térèse de Jésus.*

Elle a conservé jusqu'à sa mort l'acte authentique de cette consécration d'elle-même, et ceux qui l'ont connue savent avec quelle perfection elle a rempli toutes les obligations qu'elle avait ce jour-là signées de sa propre main.

Dans cette même année qui devait faire époque dans

sa vie, elle s'inscrit comme Auxiliatrice des âmes du purgatoire.

Ce fut à l'occasion d'une retraite qu'elle fit à Nantes chez les Auxiliatrices. Sa fille Sainte-Yvonne, économe des Réparatrices, lui avait offert chez elle une humble cellule de religieuse.

C'est à partir de cette époque qu'elle n'a jamais manqué de réciter chaque jour son office des morts. Que de fois elle a interrompu des occupations bien absorbantes, pour prendre son livre d'heures ! que de fois je l'ai vue s'excuser simplement auprès de ses hôtes, et laisser un moment la compagnie des vivants, pour donner aux morts son souvenir et sa prière ! Fidélité touchante, qui certes lui a mérité le secours des chères âmes du purgatoire dans les heures périlleuses de sa vie, et qui lui aura valu pour elle-même, il est doux de le croire, une prompte délivrance.

A cette même retraite se rattache un souvenir de son zèle et de sa grande charité. .

Dans une foule de circonstances de sa vie, on a pu voir comme elle comprenait les devoirs du riche vis-à-vis du pauvre : elle avait appris, et elle ne l'oublia jamais, que le riche est le dépositaire de la providence divine, qu'il rendra compte un jour des trésors qui lui ont été confiés ; trésors qu'il doit employer, dans la mesure du possible, au soulagement de ses frères malheureux. Elle faisait cette retraite

avec une parente bien-aimée, qui n'avait pas comme
elle des idées larges sur ses devoirs de charité, et sur
ses obligations vis-à-vis des œuvres. Toute la retraite
fut employée par elle à éclairer celle qu'elle affection-
nait avec une maternelle tendresse : elle y réussit
pleinement ; et quand le jour de la clôture fut arrivé,
la *pieuse convertie,* reconnaissante, échangea avec
Mme de Tinguy son office d'Auxiliatrice des âmes du
purgatoire. Sur la première page étaient écrits ces
mots : « *Que le bon Dieu te récompense pour tout le
bien que tu m'as fait.* »

Heureuse contagion de la charité, que communi-
quait cette âme toute au bon Dieu, et toute aux
pauvres du bon Dieu ; heureuse contagion qui peu à
peu autour d'elle gagnait ainsi les cœurs !

Cette générosité au service de Dieu, cette ardente
piété alimentaient la vie spirituelle de Mme de Tinguy.
Le ciel, en échange de son amour et de ses prières,
répandait sur cette âme souvent déchirée des grâces
qui calmaient ses cuisantes douleurs.

Une nouvelle inquiétude, un amer chagrin lui
étaient réservés dans cette année 1872. Sa fille Sainte-
Yvonne, qu'elle avait offerte si chrétiennement à
Dieu, était atteinte d'une affection grave. Le mal,
après l'avoir forcée de quitter son cher couvent et de
renoncer aux exercices fatigants de la vie commune,
devait pendand cinq ans la clouer sur la croix,

et finalement la conduire à une mort foudroyante.

La mère et la fille étaient également dignes de ces lourdes épreuves.

Etant douées toutes deux d'une exquise sensibilité, on peut dire qu'elles étaient nées pour la douleur. Une sainte religieuse disait un jour à Marie de Sainte-Yvonne : « Rappelez-vous, ma sœur et ma mère, que votre âme doit vous faire horriblement souffrir, étant donnée sa nature. »

Par ailleurs, ceux qui avaient pénétré plus avant dans l'intimité de Mme de Tinguy, qui avaient touché les fibres si délicates de ce cœur affectueux, n'avaient pu s'empêcher de lui laisser entrevoir une vie de sacrifices.

« Un jour, écrivait-elle, A... me prédit beaucoup de peines, et me dit : « *Dieu ne vous épargnera pas.* » En vérité, il n'a été que trop bon prophète ; car je souffre bien intimement. » (Lettres.)

Elle s'épanchait ainsi dans une âme crucifiée comme la sienne, mais pour ceux qui l'entouraient, son front gardait toujours sa splendeur sereine, ses lèvres leur aimable et sympathique sourire.

De son côté, la jeune religieuse écrivait :

« Arrivée le 23 août à Beaupuy. Troisième exil.

« ... Ne tiens pas à la santé, si ce n'est pour rendre plus de services... J'ai fait vœu d'aller à Lourdes, si je guéris... Bonheur de rester à mon cher poste *de Réparatrice,* que je n'ai pas quitté, puisque je suis plus que jamais sur la †. *Trop heureuse de souffrir pour aimer...*

« Mon âme est dépaysée : c'est bien l'exil pour elle. Quand le soleil de justice s'est dérobé à ses regards, son ciel est triste et sombre. »

Et plus tard, octobre 1872... « J'accepterai avec grande reconnaissance ma guérison, qui me rendra à la vie religieuse, et prolongera le martyre de l'abnégation et de la réparation.

« Si au contraire le bon Maître veut me laisser pencher vers la tombe, je me réjouirai encore, dans l'espoir d'entrevoir la patrie, et d'y jouir du Bien-Aimé, vers lequel je soupire comme le cerf altéré après l'eau vive... Toute mon ambition est de revoir le couvent, avant de quitter la terre : peu m'importe le reste.

« ... La vie sans souffrances serait sans mérite, et surtout sans amour. J'espère que le bon Maître ne me privera ni de l'un ni de l'autre. »

Aussi l'épreuve trouvait ces deux âmes à la hauteur de tous les sacrifices. Pourtant la pauvre enfant se résignait difficilement à cette pensée d'être séparée pour toujours de ses compagnes ; et Mme de Tinguy ne put résister à l'immense désir, que lui exprimait la jeune religieuse, de faire un nouvel essai.

Il fut donc convenu qu'elle retournerait à Nantes passer le mois de décembre.

Un mot dit toute sa joie :

« 30 novembre. — Arrivée à Nantes; bonheur de me revoir en communauté.

« 8 décembre. — J'ai fait un bon petit triduum pour renouveler mes vœux. »

Mais la providence de Dieu avait ses adorables desseins ; la santé de la jeune Réparatrice fut brisée de nouveau, et à la date du 10 décembre 1872, nous trouvons dans son journal cette simple note :

« Lettre de Sainte-Isabelle à maman, de la part de notre mère.

« ... C'est au nom et de la part de notre mère que je vous écris. C'est elle qui hier au soir a voulu m'apprendre que, Sainte-Yvonne s'étant trouvée mal, vous l'aviez ramenée à Beaupuy.

« Elle veut que je vous dise que *votre résignation chrétienne fait son admiration.*

« Elle veut que vous sachiez, et Sainte-Yvonne aussi, que Sainte-Yvonne, tout en vivant à côté du couvent, est cependant toujours religieuse de la société, qni la regarde comme une de ses enfants les plus dévouées. »

Dans ce même mois de décembre, sans doute pour établir une union plus intime entre son cœur crucifié et Jésus mourant, Mme de Tinguy fit ériger un nouveau chemin de croix dans sa chapelle. Ce fut le P. M... qui vint le bénir le 28 décembre.

XIV

Lettre de Mgr Baillès. — Voyage à Bruxelles. —
Mariage de Mlle B. — Mgr Mermillod. — Sainte-
Yvonne à Nevers. — Voyage à Vichy. —
Première communion de Mlle L. — Retraite à R.

Avril 1873. — Juin 1877

A monotonie d'une vie, le plus souvent solitaire et pourtant bien occupée, pèse de nouveau sur Mme de Tinguy. Les débuts d'une année nouvelle lui imposent de multiples sollicitudes. Elle écrit en effet le 9 janvier... « Ici, j'ai plus d'occupations que jamais : c'est un temps d'affaires de toutes sortes. Tu as ma vingt-sixième lettre depuis le 1er janvier seulement, et Dieu sait combien de notes, de mémoires, de fermes, j'ai mis en ordre depuis huit jours. »

Comme toutes les âmes qui vivent au dedans,

d'affections et de tendresses, de souvenirs et d'espérances, elle eût désiré s'arracher à ce terre à terre des choses de la vie, qui opprime les cœurs délicats.

« J'ai été bien près de vous par la pensée, mes bonnes amies, et j'enviais le bonheur de vos petites soirées au coin du feu. »

Mais, unie au divin Maître, elle accepte toutes les charges et tous les ennuis qui incombent à une maîtresse de maison.

Elle se console de ses tristesses, en ouvrant souvent et largement son âme du côté du ciel.

Comme elle n'estime rien tant que les trésors divins, elle s'adresse à Rome pour enrichir sa chapelle des indulgences de l'Église.

C'est pour lui transmettre la réponse, favorable à sa demande, que Mgr Baillès lui écrit la lettre suivante :

†

J. M. J.

GLOIRE A MARIE-IMMACULÉE

« Rome, le 5 avril 1873.

« Madame et bien chère fille,

« Le Seigneur vous récompense de tous les soins

que vous vous êtes donnés, avec M. de Tinguy, pour élever dans sa sainte crainte les nombreux enfants dont il vous a rendue mère. Puissent ces bénédictions se confirmer de plus en plus, et passer de générations en générations.

« M. le baron de la R. a obtenu, je crois, tout ce qu'il désirait; il a été admis à l'audience de Sa Sainteté. . Admis moi-même le 29 mars, j'ai prié Sa Sainteté de vous bénir et lui ai exposé votre désir relativement aux indulgences attachées à la petite statue de saint Pierre. Sa Sainteté les confirme, mais ne les étend pas à tous les membres de votre noble parenté. Je dois seulement vous faire remarquer que tous vos domestiques, valets, femmes de chambre, etc., sont compris en Italie dans ce qu'on appelle la famille, et que nous désignons en France sous le nom de maison ; qu'ils sont dès lors tous compris dans la faveur précédemment accordée, et qu'ils peuvent en jouir par la récitation d'un *Pater* et d'un *Ave Maria ;* mais que vos parents, quelque rapprochés qu'ils soient, ne peuvent pas la gagner, lorsqu'ils ne font pas partie de votre maison.

« J'apprends avec bonheur que vous possédez une belle église : je demande à Dieu que votre digne curé voie tous ses paroissiens rangés autour de la table sainte, dans la prochaine solennité pascale ; et que la ferveur prenne toujours de nouveaux accroissements dans la chapelle de votre château.

« Je vous bénis tous, et je suis toujours, beaucoup plus que je ne le saurais dire,

« Tout vôtre en Jésus et Marie-Immaculée.

« J.-M.-J^h, anc. év. de Luçon. »

A cette même date — avril 1873 — Mme de Tinguy conduisit, pour la troisième fois, sa jeune religieuse passer quelques jours dans son couvent, mais Saint-Yvonne en revient bientôt, terrassée encore par la maladie.

Cependant, au mois de juin, elles purent ensemble entreprendre le voyage de Bruxelles où se trouvait Sainte-Isabelle.

A leur retour, Sainte-Yvonne s'arrêta dans un couvent de Blois, où elle fit un séjour de quelques mois seulement, du samedi 23 juillet 1873 au mercredi 8 avril 1874.

Inutile de dire qu'à chacune de ces séparations, le cœur de Mme de Tinguy était cloué sur la croix ; au calvaire aussi montait la jeune victime, mais courageusement, et c'est à peine si, à certaines heures plus sombres, il lui échappe une plainte.

« A chaque fête j'éprouve le mal du pays qui me brise le cœur, et le met à la torture. » (Journal.)

Et à sa mère : « Je ne vous avais pas encore

donné de peine, mais maintenant je vous en cause malgré moi : que ne puis-je vous en dédommager ; je voudrais vous aider à tout arranger pour les noces. »

Il s'agissait du mariage de Mlle B. avec M. de B. ; ce mariage fut célébré le 14 janvier 1874.

Mlle B. avait le bonheur d'épouser un jeune homme chrétien, et d'entrer dans une famille où la noblesse du nom s'unissait à la noblesse du cœur : où surtout la foi et la piété avaient poussé de fortes racines. Aussi Mme de Tinguy était heureuse : heureuse de penser que les filles qu'elle ne vouait pas à Dieu dans le cloître, elle les donnait à l'Eglise, pour fonder un foyer véritablement chrétien, et transmettre aux générations à venir les sentiments et les traditions qu'elle avait reçus de ses pères.

Aussi le prêtre qui bénit cette union demeurait bien dans le vrai, quand, s'adressant aux jeunes époux, il leur disait :

« Que vous faut-il pour accomplir vos devoirs ? La vertu ?... elle est héréditaire dans vos familles. Le courage ?... il est inné dans votre cœur. De plus, vous avez toujours eu, et vous avez encore devant les yeux, les plus admirables exemples. »

Ce fut donc un jour vraiment beau pour Mme de Tinguy.

Pour faire ce jour tout embaumé des grâces célestes,

16

elle avait sollicité pour ses enfants la bénédiction de Pie IX, le pontife martyr, et de Mgr Baillès, qui envoya cette bénédiction du seuil même de l'éternité, où il entra subitement le lendemain.

Pour écarter de ce jour tout souvenir pénible à la délicatesse si chaste de son âme, elle eut la pieuse hardiesse de glisser dans la lettre qui invitait à la soirée, cette simple phrase : « *Ma fille aura une robe montante.* » Exemple touchant d'une foi profonde et d'une tendre piété.

On le voit, ce n'était pas à cette chrétienne que pouvait s'appliquer cette parole de Mgr Mermillod, qu'elle recueillit elle-même parmi ses notes, dans une retraite à Nantes :

« Il y a des mères, disait éloquemment le grand évêque, qui craignent de voir leurs filles religieuses, et elles les jettent gaiement dans un mariage, *où Dieu est le dernier invité...* Aussi, au bout de deux mois, de trois mois, la couronne de fleurs descend peu à peu autour du cœur, et devient une couronne d'épines. »

Citons encore quelques-unes des paroles qu'elle conserva de cette retraite : elles s'harmonisaient si bien avec les sentiments de son cœur et les actions de toute sa vie !

« Mesdames, disait l'orateur, vous êtes des prêtres ; vous êtes des anges de la famille... prêtres, vous avez un sanctuaire à garder, le foyer domestique : anges, vous avez des ciboires à conserver, les cœurs de vos enfants.

« ... Ces cœurs d'enfants sont des ciboires, vides encore, mais resplendissants d'innocence ; y mettrez-vous de la poussière au lieu de Jésus-Christ ?... »

Nous savons que ce fut toujours la préoccupation de Mme de Tinguy de déposer dans ces âmes, qu'elle aimait avec passion, Notre-Seigneur Jésus-Christ vivant par la grâce, et par l'Eucharistie.

Quant à sa propre sanctification, avec quelle attention elle s'y occupait chaque jour ! Aussi avec quel soin elle écrit ces paroles, qui conviennent si bien à ce cœur d'élite :

« Pendant le sommeil d'Adam, Dieu a tiré la femme non des pieds, non de la tête, mais de la poitrine de l'homme, où le cœur est renfermé, afin que l'homme la soutienne et la préserve.

« Mesdames, vous êtes tout cœur ; mais ce cœur, sachez le gouverner : pour cela, ayez un cœur

« Purifié, pacifié, sacrifié :

« Purifié dans la pénitence ;

« Pacifié dans l'amour ;

« Sacrifié dans l'immolation. »

Elle recueille encore, pour les méditer suavement dans son âme, des pensées comme celles-ci :

« Ne recherchons point les affections dangereuses.

S'il y a dans mon cœur une fibre qui ne soit pas pour vous, arrachez-la, ô mon Dieu », disait sainte Térèse, à douze et à quinze ans. Les effluves de son âme sortaient dans une irradiation continuelle. « Mon Jésus, disait-elle, il y a des âmes plus pénitentes que moi, mais je ne permettrai pas qu'il y en ait de plus aimantes. »

Puis cette autre :

« ... Fussiez-vous seule au monde, il vous reste Jésus au tabernacle.

« ... Térèse, Térèse, tu viens de communier, est-ce que je ne te suffis pas ?... »

Elle qui avait pris dans la solitude du Carmel le nom de Térèse de Jésus, comme elle ouvrait son cœur à ces amoureux reproches du divin Maître!!

Une autre pensée du grand évêque avait retenti profondément dans l'intime de son être :

« La vie pour toute âme, s'était-il écrié, mais surtout pour la femme, est la douleur. Dieu lui a dit dans le Paradis terrestre : « Je multiplierai tes douleurs. »

« ... La douleur, c'est la grande grâce de Dieu. Mais prenez garde, Mesdames, ne faites pas de la douleur une place publique, où vous alliez mendier les consolations ; ni un aliment de votre cœur, pour chercher bientôt les compensations dangereuses... Que la souffrance soit un secret entre Dieu et vous ! La souffrance est la grande lumière de la vie. »

Pour elle comme pour beaucoup d'autres âmes, la douleur avait éclairé son chemin, en la préservant, elle le disait elle-même, de nombreux écueils.

Une plaie, toujours saignante dans son cœur, était celle qu'y creusait la pensée de sa fille malade et souffrante.

Le 8 avril 1874, Sainte-Yvonne était entrée dans un couvent de Nevers, où elle devait demeurer trois ans, donnant l'exemple des plus délicates vertus, puis s'endormir dans une mort de prédestinée.

Qui donc a pu penser que l'habit religieux étouffait les affections du cœur ? Comme elles sont au contraire vives et pures les tendresses de cette âme pieuse !

Elle écrit le 20 avril à sa mère :

« ... Combien j'envie le bonheur de mes frères et sœurs, qui sont près de vous pour ce jour de votre fête, où nous aimnions tant jadis nous trouver réunis : désormais il y aura toujours des absents, mais qui ne le cèderont jamais aux autres en amour... »

Dans cette même lettre, elle demande à sa mère la permission de faire le voyage de Lourdes, pour obtenir sa guérison de la Vierge-Immaculée.

Comme on le pense bien, de grand cœur la permission fut accordée.

Le voyage s'accomplit.

Marie, la mère des douleurs, qui a crié par trois fois aux échos de Massabielle : « *Pénitence, pénitence,*

pénitence! voulait mieux pour son enfant que la santé ; elle déposa dans son cœur le désir du sacrifice, et cette douce conviction que rien ne vaut devant Dieu l'innocence qui souffre, et l'amour pur qui s'immole.

La jeune religieuse revint donc à Nevers, le samedi 16 mai, y rapportant toutes les épines aiguës, qui formaient sa couronne de martyre.

La pauvre mère, elle, se résignait plus difficilement, et la lettre qu'elle écrit à sa chère enfant dans cette occasion « a un cachet de tristesse que celle-ci voudrait bien diminuer... elle le demande au Maître, car elle y est impuissante. » (Lettres.)

Souvent elles s'écrivent toutes deux, épanchant mutuellement leurs plaintes résignées. C'est ainsi que nous remarquons combien les dates de leurs lettres sont rapprochées : le 19 juin, le 25, le 16 juillet, le 2 août...

Puis le 18 août, Mme de Tinguy, obligée de se rendre à Vichy, avec une de ses filles, en profite pour avancer jusqu'à Nevers voir son enfant.

Il faut se séparer, hélas ! et Sainte-Yvonne peut à peine retenir ses larmes. Elle a si peu caché sa douleur, qu'elle a peur d'avoir affligé sa mère... Trois jours après, elle lui écrit : « Ne vous tourmentez pas de la tristesse que j'ai laissé paraître au moment de votre départ... Je suis si ennemie des séparations !

à chaque nouvelle, il me semble que c'est la dernière. »

A son retour des eaux, Mme de Tinguy vint encore, avec Mlle T., passer trois jours à Nevers, et Sainte-Yvonne sur son journal dit son bonheur dans ces deux mots :

« Jeudi 17 septembre 1874. *Bien heureuse.* »

Ce devait être, hélas ! la joie suprême pour son cœur d'enfant, car désormais elle n'entrevit plus sa mère qu'à de longs intervalles, et pendant de bien courts instants.

Mais elle éprouvait néanmoins une grande paix, « en songeant que sa mère avait fait connaissance avec sa bonne mère supérieure ; qu'elle serait plus tranquille à son sujet, en sachant qu'elle l'aime et qu'elle est heureuse de lui obéir et de lui faire plaisir. »

Ce fut en effet une inquiétude de moins de savoir son enfant entre les mains d'une seconde mère, et une consolation surtout de la voir si douce, si résignée sur le cœur immolé de Jésus. Elle s'applaudissait alors d'avoir inspiré à cette âme des sentiments d'une foi ardente.

Aussi comme elle s'appliqua, cette année-là même, à verser goutte à goutte et jour par jour ce parfum de tendre piété dans le cœur de sa plus jeune fille, qui allait faire sa première communion. Et le 23 mai elle fut bien recompensée, quand elle présenta à Jésus ce « *ciboire resplendissant d'innocence.* »

« Tu manquais, écrit-elle à une amie, à cette excellente fête de famille, *la meilleure qu'il y ait au monde,* puisque c'est le bon Dieu qui nous la donnait.

« Le recueillement de ma petite L. nous a bien consolés. Je lui ai recommandé toutes tes intentions, et ton nom a été souvent prononcé. »

L'âme de cette enfant était bien pure, rayonnante des célestes clartés, mais sa santé était frêle, et elle devait être pour sa mère un continuel sujet de craintes et d'angoisses.

D'autant que par une loi mystérieuse, qui dirige nos affections et nos sympathies, le cœur de Mme de Tinguy s'était incliné avec une prédilection tendre vers cette enfant plus délicate et plus faible ; chacune de ses souffrances et chacune de ses plaintes faisaient pencher davantage le front couronné d'épines de la mère sur le cœur endolori de l'enfant.

Et pourtant, un jour que cette vie vacillante menaçait de s'éteindre, elle disait, avec ce sourire céleste que devaient avoir les martyrs : « Oh ! que je serai plus heureuse si Dieu la prend, et l'enlève aux tristesses de la vie ! » Tellement elle planait au-dessus des régions ternes et glacées, où végètent les cœurs vulgaires.

Néanmoins, elle n'omettait rien de ce que conseillait la prudence humaine ; et au mois d'août 1876, elle fit avec sa fille une saison au Mont-Dore.

L'hiver suivant fut meilleur ; mais ses préoccupations, calmées d'un côté, sont plus vives d'un autre.

« Je n'ose plus remuer depuis une douzaine de jours ; car j'attends à chaque instant qu'on vienne me chercher pour aller près de B... ; le baptême ne peut pas tarder maintenant. »

« Prie pour elle, ma L..., pendant cette bonne neuvaine des morts, à laquelle tu es bien heureuse de pouvoir assister. Tu vois que je suis bien prise, et que je n'ai plus le temps de penser à ma pauvre âme. C'est là un grand sacrifice et un grand préjudice pour moi. »

Aussi, attristée de se voir emportée par ces tracas de toutes sortes, quelques mois après elle résolut de retourner de nouveau dans cette solitude du Carmel, où elle s'était consacrée à Dieu, six ans auparavant.

En juin 1877, elle se rendit à R.

Parmi les rares papiers, qu'elle n'avait pas jetés au feu avant sa mort, on a retrouvé les souvenirs, qu'elle écrivit dans cette retraite, et les avis qu'elle reçut du P. Carme, ce directeur si providentiellement rencontré au pied des Pyrénées en 1855.

Nous les donnons ici, sans nous permettre d'en changer un mot : on y verra l'exquise piété de son âme, la délicatesse de sa conscience, et la tendresse de son cœur.

« Mercredi 6 juin 1877.

« Midi sonne. Ma première station est pour l'église du Carmel. Je veux mettre ma retraite aux pieds de Notre-Seigneur, prier la sainte Vierge à cette intention ; invoquer le Saint-Esprit, saint Joseph, mon ange gardien, mon saint patron.

« Au parloir, personne ; pas moyen de voir le Père avant deux heures et demie. Retour à la chapelle, longues prières. — Puis on me répond que le Père ne sera visible qu'à six heures du soir. Grande déception, profonde tristesse, bien envie de me révolter, de tout abandonner... violente tentation !!! — Elle est calmée, *Deo gratias !...* Promenade au Thabor bien solitaire et calmante... puis rentré chez moi. Je pense que cette retraite marquée plusieurs fois de la † dès le début, me sera fructueuse et très utile à ma pauvre âme.

« Dans ma chambrette — où après six ans d'absence, il me faut attendre sept heures pour commencer ma retraite ! — j'ai voulu relire les resumés et résolutions de mes anciennes retraites — mes pensées se sont recueillies, et je me suis trouvée bien disposée à commencer. Enfin, six heures ont sonné et le bon Père est venu bénir son enfant, et ceux qu'elle a laissés dans sa demeure. Il l'a fait avec effusion et une pieuse libéralité, puis m'a donné les sujets de mes méditations. Pour lecture le *Saint-Désert*.

« Un jeune officier demande le R. Père au parloir. Je ne veux pas abuser de ses précieux moments. Je pars... Notre-Seigneur n'est pas loin, heureusement. Lui, l'ami toujours fidèle, toujours présent, qui ne retire pas la main, quand notre tête fatiguée veut s'appuyer sur elle, qui sèche les larmes dans nos yeux. Il était là en effet bien près, sur son trône d'amour, entouré de fleurs naturelles — les voix graves des religieux disaient l'office en chœur — puis la bénédiction du Saint-Sacrement. Une assistance très recueillie se pressait aux pieds de Notre-Seigneur. Comme on prie dans ces églises monastiques! quel parfum on y respire! Comme on demande alors à Notre-Seigneur de bénir les chers absents! Il était huit heures.

« J'ai remarqué surtout le *Salve Regina* psalmodié, pendant que l'orgue soupire très suavement ; — il semble dire avec nous... *Ad te suspiramus... gementes et flentes...* la nuit arrivait, lentement ; je m'achemine vers mon antique hôtel, vieux reste des temps gothiques.

« Huit heures et demie. — Je copie les méditations d'après les notes prises par la Révérende Mère Prieure du Carmel de R... — mère Providence, un ange sur la terre... — une âme bienheureuse !...

« Neuf heures. — Je lis quelques pages du Saint-Désert — délicieuse peinture des heureux ermites du

Mont-Carmel ; le seul resté debout en Europe. Dernier souvenir du R. Père Herman. — Ma pensée et mon cœur s'y transportent, au risque d'encourir l'excommunication portée contre toute femme, qui franchit l'enceinte sacrée, le fossé qui limite la clôture. Vient l'heure du coucher ; le démon cherche à m'effrayer, mais Notre-Seigneur est invoqué et il s'enfuit.

« Deuxième jour. Jeudi, six heures me sonnent dans l'église de Notre-Dame. J'ai tout le temps de faire mes exercices ; peu à peu l'église se peuple de pieux fidèles, prêtres, frères, militaires, hommes, femmes. Six heures et demie : deux pères sortent à la fois de la sacristie avec leurs ornements du moyen âge, leur tête rasée, leur couronne de cheveux. Quelle prédication vivante ! Quelle préparation au saint sacrifice ! Aussi le recueillement est profond. Toute l'assistance fait la sainte communion ; c'est pour moi une image de la primitive église. L'âme se trouve heureuse et consolée. Entendu trois messes, revenu chez moi, puis à neuf heures, vu le Père au confessionnal.

« Je crois avoir fait connaître, avec courage, non sans grande émotion, mon âme en réalité telle que je la connais. J'avais tant prié Notre-Seigneur d'être dans mon cœur et sur mes lèvres ; mais qu'Il doit me trouver encore plus misérable que je ne me trouve moi-même !

« Jeudi soir, continué mes petits exercices dans ma chambrette, puis à trois heures je me rends à l'église du Carmel ; l'autel est ravissant avec sa gracieuse verdure, ses fleurs et ses candélabres dorés, le chant grave de l'office se continue derrière le chœur. Je suis étonnée de la plénitude des voix et touchée de leurs pieux accents. Je suis parfaitement leur office au grand détriment de mon oraison. Enfin vient la procession du *Corpus Domini*. Qu'elle est belle et touchante ! mille bougies étincellent, l'assistance est choisie et bien pieuse. Toute la communauté des saints religieux suit le Saint-Sacrement, un cierge à la main. Nous recevons ainsi cinq bénédictions, en l'honneur sans doute des cinq plaies de Notre-Seigneur. Qu'il fait bon prier là ! Il me semble assister à une fête du moyen âge.

A six heures, je vois le Père qui me presse de prolonger mon séjour, ou mieux ma retraite. Je le désire tellement que je suis facile à persuader. Le Père me bénit avec sa bonté habituelle, et nous parlons des lectures à faire chez moi, au retour, pour apprendre à mieux aimer, à mieux servir Notre-Seigneur : les ouvrages du Père *Faber,* si goûté du bon Père Prieur et de Mgr de Poitiers. Le Père m'en fera une liste. Je suis un peu fatiguée et sur l'avis du Père, je vais essayer de loger chez les sœurs de l'Espérance. Reçue au couvent, je me hâte de terminer ma soirée à l'hôtel et de venir habiter sous le même toit que mon cher Seigneur.

« Vendredi matin, à six heures, fête du Sacré-Cœur à l'église de Notre-Dame du Mont-Carmel, prières, méditations. Messe à six heures et demie par le R. Père Prieur, beaucoup de communions d'hommes et de femmes, beaucoup de recueillement, mais pour moi pas de ferveur. A neuf heures je le dis au Père au confessionnal. Et je reçois des avis dont je voudrais me souvenir toute ma vie, si je pouvais les bien noter ! Mon Dieu, aidez-moi. Venez, Esprit-Saint.

« Vendredi. Jour tout entier sans ferveur, un besoin de sommeil qui m'accable. J'entends sonner dans toutes les églises. La bénédiction du Saint-Sacrement se donne presque à chaque heure. On rencontre dans les rues de bonnes figures, très recueillies qui se rendent à l'église en priant.

« Je vois le Père à quatre heures et demie. Il a la bonté de me faire une liste des livres à lire chez moi. Je lui montre ce que j'écris, la bonne récolte que je fais pour la disette.

« Il m'engage à continuer de noter ses avis : que ne puis-je le faire mot à mot ! mais je sens au contraire que c'est pâle et froid, auprès de ce que j'ai entendu. Mon Dieu, faites passer dans mon âme un peu de ce souffle brûlant qui consume son âme d'amour pour son Jésus ! Merci, mon Dieu, d'avoir donné un tel père à mon âme. J'en suis malheureusement bien indigne. Que je profite peu de ce secours ! Mon Dieu, vous le savez, avec les grâces que vous me faites chaque jour, surtout depuis vingt-deux ans, beaucoup d'âmes seraient devenues brûlantes d'amour pour vous, comme des séraphins, capables de vous servir et de vous faire aimer par des milliers de cœurs... C'est pourquoi je suis effrayée du compte que j'aurai à rendre, de l'abus des grâces, du talent enfoui... Seigneur, ne me rejetez pas pour toujours... Ayez un peu de patience, et si vous daignez venir embraser mon cœur de votre amour, alors je pourrai enfin travailler pour votre gloire, en retour de tous vos bienfaits.

« A sept heures trois quarts, la bénédiction du Saint-Sacrement à l'église du Mont-Carmel ; toujours chants graves et forts. Après la bénédiction, l'office se dit longuement au chœur. Après le jeûne rigoureux du premier vendredi du mois, on se demande comment les voix sont si pleines et si fortes.

« Mes RR. Pères, priez pour le monde, pour la France, pour ceux qui ne prient pas ; pour moi qui le fais si peu et si mal. La fatigue se fait sentir. A Dieu, chère église du monastère, à demain.

« Samedi matin. Entendu la sainte messe dans la chapelle des sœurs de l'Espérance. Prié et fait la sainte communion au milieu des bonnes sœurs; beaucoup de facilité à prier ce matin. Mon Dieu, merci, c'est si bon, si doux de pouvoir vous dire ce qu'on pense, de vous recommander les siens, tous leurs intérêts spirituels, et de vous adorer au fond de son cœur, de rester à vos pieds transpercés, sans trop de distractions.

« Neuf heures. Vu le bon Père au saint Tribunal. Je note ses avis, mais que c'est imparfaitement rendu... Ils sont si lumineux quand je les entends! Je crois entendre Notre-Seigneur lui-même me parler par sa voix. C'est si bien ce qui convient à mon âme. Mon Dieu, soyez toujours dans son cœur et sur ses lèvres, dans son cœur pour qu'il vous aime de plus en plus, sur ses lèvres pour qu'il communique votre amour aux âmes qui se pressent à ses pieds. Et veuillez lui payer au centuple le bien que sa charité nous fait. Que Dieu bénisse la main qui nous bénit et lui donne une récompense pleine et parfaite.

« C'est à travailler par reconnaissance envers Notre-Seigneur qu'il faut m'appliquer désormais. Tâcher *enfin* de faire quelque chose pour Celui qui m'a tant donné.

« Onze heures. Je rentre à l'Espérance déjeuner. Hélas! l'après-midi me trouve bien engourdie par le sommeil. Impossible d'appliquer mon esprit à l'oraison. Le chapelet seulement, l'office et ces pauvres petites notes.

« Cinq heures le dîner ; à six heures, je vais aller recevoir les derniers avis du Père au parloir. Puissé-je les bien graver dans mon esprit et dans ma tête pour les bien mettre en pratique. Chez moi, le cœur ne manque pas, mais c'est la volonté, le courage, la suite. J'accepte avec bonheur le bien qui m'est montré, je l'embrasse avec transport, peu à peu ce beau zèle tombe et je deviens faible, languissante, j'omets une petite pratique, une industrie pieuse pour me maintenir, et ma vie s'écoule sans mérite pour le ciel. Nous allons parler de la fondation des religieuses dans ma petite paroisse ; le Révérend Père m'y encourage ; il priera pour la réussite de ce projet qui regarde si directement la gloire de Dieu. Des sœurs pour l'enfance, pour maintenir les jeunes filles, en façonner de bonnes mères de famille ; une sœur pour visiter et secourir les malades et pour procurer les secours religieux aux mourants... Faites, mon Dieu, que nous puissions faire cela pour votre gloire !

« Neuf heures. J'ai reçu les avis les meilleurs, les plus concluants ; que ne puis-je les noter avec exactitude !

« Neuf heures trois quarts. Le chant très solennel du *Salve Regina* que je n'avais jamais vu ni entendu. A l'heure précise, l'autel étant orné comme pour une fête, tous les religieux entrent par deux portes, revêtus du manteau de la Vierge-Immaculée, un cierge à la main, et viennent deux à deux saluer le

Saint-Sacrement ; l'officiant en chape se place devant un pupitre en face du grand autel, et entonne le *Salve Regina,* en s'inclinant devant la douce image couronnée d'étoiles, qui domine l'autel. Quelle psalmodie !... que c'est doux et lent et grave ! Puis tous les Pères se retirent en récitant le *De profundis,* et l'officiant donne la bénédiction du Saint-Sacrement.

« L'office ensuite, qui semble interminable...

« Dimanche matin. Entendu la messe de six heures à l'église du Carmel, fait la sainte communion avec assez de recueillement. Entendu la deuxième messe à six heures et demie. A sept heures le Père vient au confessionnal me redire ses derniers avis. Il croit, il espère fermement que Notre-Seigneur m'accordera de mieux travailler à sa gloire et à mon salut. Notre-Seigneur le désire plus que moi. Avec sa volonté toute puissante, si j'y unis la mienne, tout marchera bien. Mon Dieu, élevez votre ouvrage, bâtissez sur ce grain de sable mouvant, affermissez-le et maintenez-le dans votre amour. Donnez-moi courage, force et persévérance.

« Quelle assemblée de fidèles que celle qui se presse dans la chère église du Carmel ! Quel recueillement ! Toute l'assistance fait la sainte communion. J'y remarque d'angéliques frères des écoles chrétiennes, des hommes, un général du génie, et une foule pieuse de tous rangs.

« A dix heures et demie, réunion des tertiaires. Je vais m'y rendre, entendre expliquer la sainte règle qui, hélas! me regarde bien peu. Mes obligations se réduisent à si peu de chose !

« Que ne puis-je rendre le discours qui nous a été adressé !

AVIS. 7 JUIN 1877

« Méditation. Etre exact, ferme pour la faire, y mettre le temps voulu ; souvent, plus elle est mal faite, mieux elle vaut, du moment que le temps voulu est employé ; s'il n'est pas possible à l'esprit de s'y appliquer, faire quelques oraisons jaculatoires. Un cri du cœur vers Notre-Seigneur, se placer à ses pieds, le presser de venir à nous, près de nous, de nous donner son amour.

« Mortification. La pratiquer dans une foule de petites choses, des riens, gros comme des têtes d'épingles; mais c'est ainsi que l'amour se prouve. Quand on aime, c'est un besoin de souffrir pour prouver son amour. Donc, dans ce cas, il faut se mortifier. Et quand on n'aime pas (parole cruelle), il faut d'autant plus souffrir, se renoncer, se mortifier, offrir mille petits sacrifices pour obtenir l'amour de Notre-Seigneur; pour le forcer en quelque sorte de nous donner son amour. Et surtout ne rien refuser (qui peut le croire ?) ne rien refuser à Notre-Seigneur des petits sacrifices qu'Il nous demande.

« Présence de Notre-Seigneur. S'y appliquer plus que jamais. Avoir soin le matin qu'Il soit notre première pensée. Les premiers instants sont à Lui. Demander à notre bon ange de nous en faire souvenir. Dans la journée, faire quelques actes pour appeler Notre-Seigneur près de nous, ou plutôt pour nous souvenir de sa sainte présence. A genoux, devant le crucifix, les bras en croix, durant l'espace d'un *pater* et d'un *ave* ou quelque autre prière. Quand on est seul, baiser la terre, baiser les pieds du crucifix, etc.

« La sainte Vierge. Beaucoup la prier de nous obtenir l'amour de son divin Fils, lui demander que nous commencions enfin à l'aimer, à l'aimer autrement, mieux que jamais. Je ne sais comment, Seigneur, mais d'une façon toute nouvelle et meilleure, comme vous le désirez vous-même. Voici l'éternité qui approche, nous sommes créés pour le ciel. Nous y allons, nous nous y rendons chaque jour. Commençons enfin à travailler pour notre salut. Notre-Seigneur n'a pas besoin de beaucoup de temps pour nous sanctifier. Coopérons à son travail sur notre âme.

« Huit juin 1877. Pas de ferveur. Tant mieux: il y a deux sortes d'amour : l'amour consolé, l'amour désolé. Par le premier, Notre-Seigneur fait un bon travail dans notre âme. Ces moments sont précieux, bien doux, — mais c'est Notre-Seigneur qui nous porte. — Une mère place son enfant par terre et le force à marcher; autrement il ne deviendra pas homme. Notre-Seigneur en agit ainsi avec notre âme. Tant qu'il nous presse sur son cœur, volontiers nous lui dirions: Seigneur, je suis prêt à tout entreprendre, à souffrir, à mourir crucifié avec vous... pour vous... Mais quand nous n'avons plus que l'amour désolé en partage, de quoi sommes-nous capables?... de rien. Nos exercices de piété son froids, longs, ennuyeux: nous voudrions les omettre, nous sommes tristes, languissants, de mauvaise humeur. Gardons-nous alors de rien omettre dans nos prières habituelles, n'en retranchons pas une seule, ni une minute, pas une seule communion. Et soyons joyeux, de bonne humeur, gracieux pour tout le monde; ne faisons pas supporter aux autres notre tiédeur, ne la leur laissons pas même soupçonner.

« La sainte communion. Nous avons tant besoin de la sainte communion, ne l'omettons jamais, quelque froide qu'elle soit, marchons quand même; la mort approche, faisons chacune de nos communions comme si elle était la première ou la dernière. Si Notre-Seigneur nous disait: « Prépare ton cœur pour me recevoir, ce sera la dernière fois que j'y descendrai. » Oh! avec quel soin nous voudrions le recevoir! Nous lui demanderions que les saintes espèces se conservassent dans notre cœur jusqu'à notre dernier soupir.

« La confession tous les dix à douze jours, comme d'habitude.

« *Quid retribuam?* Samedi 9 juin. Mon Dieu, que vous rendrai-je pour tous les biens dont vous m'avez comblée?... Je me sanctifierai pour sanctifier les autres. Je chercherai à mieux aimer Notre-Seigneur pour le faire mieux aimer par ceux qui m'entourent. L'amour est doux et fort; mon zèle doit être doux comme un agneau et fort comme un lion.

« Puisqu'il est bien établi que je suis un pur néant, une créature inutile, faible, languissante et misérable, il faut appeler à moi l'amour de Notre-Seigneur; car s'il vient à s'emparer de mon âme, il la transformera. Avec cet amour qui agira en moi, je pourrai tout entreprendre pour sa gloire et mon salut, et le salut de ceux qui me sont confiés. Je ne puis, comme saint François-Xavier, parcourir le monde, pour gagner les âmes à Jésus, mais je puis, comme sainte Térèse, ma mère, faire le bien autour de moi, sans sortir de ma demeure ou de mon lit même. Il faut se hâter, et tout faire maintenant par reconnaissance. Est-ce que je veux mourir sans avoir rien fait pour Notre-Seigneur, qui m'a tant donné? Je serai toujours insolvable, mais du moins, mon âme, faisons quelque chose. J'expose au Père deux sentiments opposés :

1° pensées d'orgueil, de vaine gloire ; 2° pensées de découragement.

« Pour les premières, il faut les mépriser ; pour les secondes, ne jamais y succomber et se dire que Notre-Seigneur désire plus notre salut que nous ne le désirons nous-mêmes. Il a plus d'intérêt pour sa gloire, Il connaît mieux le prix de notre âme, Il sait ce qu'elle lui a coûté. Il faut se dire : Jusqu'ici je n'ai rien fait, mais je veux commencer. Je retomberai, je le sais, mais à chaque fois je me relèverai. Je ferai comme ces enfants qui courent vers un but ; s'ils viennent à tomber les mains dans la boue, ils se relèvent et reprennent leur course.

« Rejeter aussi les pensées accablantes sur le passé. Cette tristesse nous éloigne de Dieu. Toute pensée qui nous met mal à l'aise avec Dieu est une pensée du démon; donc, il faut la rejeter. Le passé, qu'y pouvons-nous ?

« Nous avons bien assez du présent et de l'avenir. Tâchons de bien employer chaque moment présent et abandonnons le passé à la miséricorde de Notre-Seigneur. Saint Paul l'a dit : Je rejette le passé en arrière.

« Dimanche, sept heures, au sujet de la mortification corporelle. Elle est nécessaire, principalement aux repas, excepté le dimanche et les fêtes ; faire quelques petites offrandes à Notre-Seigneur à chaque repas.

« Dans l'action de grâces, comme dans l'oraison,

ne pas chercher à formuler toujours des prières, mais souvent alors passer un quart d’heure en silence, aux pieds de Notre-Seigneur. Un profond et complet silence. Laisser sa bonté faire son œuvre, son travail béni dans notre âme.

« Croire fermement que nous allons recommencer une vie nouvelle. Notre-Seigneur le désire plus que nous, sa volonté est sainte, puissante ; unissons-y la nôtre et tout sera gagné, tout marchera parfaitement. D’ailleurs, Notre-Seigneur le veut plus que jamais, les années s’accumulent, la mort approche. Il faut se hâter de travailler pour Notre-Seigneur. »

On le voit, Mme de Tinguy était une de ces âmes qui aiment passionnément Notre-Seigneur, et qui gémissent de se voir à tout instant écartées, éloignées du divin Maître, par les tracas et les impérieux devoirs de la vie. Sans doute au milieu de ce bruit, dans ces nuages que soulève le monde, Notre-Seigneur est encore là qui frappe au cœur et qui sollicite notre amour : mais comme les âmes affectueuses sont tourmentées de ne pouvoir se livrer tout entières à cet épanchement divin ! Leur vie est alourdie par un malaise indéfinissable ; car elles sentent au fond d’elles-mêmes l’amour tendre, l’amour recueilli et profond de Marie, et elles sont accablées par les sollicitudes troublantes de Marthe ; sans cesse harcelées, elles s'arrachent avec peine à cette muette et suave contemplation aux pieds de Jésus le bien-aimé.

Avec quelle amertume, avec quels regards en arrière, Mme de Tinguy s'éloigne du divin Sauveur, échangeant le Carmel pour Beaupuy !

Elle emporte heureusement avec elle la soif du sacrifice, et une ample provision de consolations et d'énergies contre les tristesses et les défaillances.

XV

Mort de Sainte-Yvonne. — Son testament.

1877

SAINTE-YVONNE était toujours au couvent de Nevers, gardant l'espoir de rentrer dans sa chère société de Marie Réparatrice.

Au mois d'avril même, elle était allée à Paris, où elle avait consulté un docteur sur cette possibilité.

La réponse n'avait point été favorable ; et pourtant la pauvre enfant rapporta de ce pèlerinage aux sanctuaires de Montmartre et de Notre-Dame-des-Victoires, une douce résignation pour le sacrifice.

Dans son journal nous trouvons ces mots : « Le docteur s'opposera à mon retour au couvent des Réparatrices... Il m'a dit que c'est cette vie trop fatigante qui m'a rendue malade ; et je crois qu'il sera difficile de me guérir... A trente ans, on est sur le déclin de la vie.

« ... J'ai puisé un peu de courage aux sanctuaires

que j'ai visités ; j'y ai retrouvé la paix, en m'abandonnant à Dieu et en me renonçant moi-même... Puissé-je
ne pas oublier cela : *pas de paix sans sacrifices.*

« ... Il me semble que je suis plus près de Dieu,
depuis que je lui ai dit dans la chapelle du vœu
national de faire de moi tout ce qui lui plaira...

« Comme tout vient de Dieu, à Lui je m'abandonne et je veux dire toujours : « A la grâce de
Dieu ? »

Elle retourne à Nevers : à partir de ce moment,
par une sorte de pressentiment secret, qui la rattache
à ceux qu'elle aime, à mesure que la mort approche
pour l'en séparer, elle redouble, ce semble, de tendresses : ses lettres à sa mère sont plus fréquentes,
plus affectueuses, j'allais dire plus caressantes. A la
fin d'avril elle lui écrit et lui envoie une image avec
ces mots :

« A ma bien chère mère pour sa fête. Petit souvenir
d'une exilée dont le cœur ne connaît pas la distance,
surtout le jour d'une fête, où tous les cœurs battent à
l'unisson près d'une mère chérie. »

Quelques mois après, elle voulut aller de nouveau
en pèlerinage à Lourdes. Elle partit le 2 octobre de
Nevers, avec la supérieure du couvent.

Mme de Tinguy, comme si elle eût pressenti la
séparation suprême, se rendit à Tours, pour voir la
chère enfant à son passage. Dans cette entrevue,

les anges gardiens de la mère et de la fille glissèrent
peut-être dans ces deux cœurs un avertissement secret,
qui dut rendre leurs caresses plus tendres et plus
déchirants leurs derniers adieux...

Le 12 octobre, à onze heures du soir, les voyageuses
étaient de retour à Nevers, sans trop de fatigues.

Dès le 14, Sainte-Yvonne raconte son pèlerinage à
sa mère. C'est sa dernière letttre, et Mme de Tinguy
la conservait avec son testament comme deux reliques
sacrées :

« Nevers, 14 octobre 1877.

« Ma bien chère mère,

« *La paix de Jésus.*

« Il vous tarde, je pense, d'avoir des nouvelles de
notre long voyage. Il a été très bon, grâce à Notre-
Dame de Lourdes, que je remercie doublement ; car
j'espère bien qu'elle aura exaucé nos vœux en me
guérissant... Je vous remercie, chère mère, de toutes
vos prières, de la neuvaine de messes, que vous faites
dire à mon intention. La mère supérieure a eu votre
lettre hier : elle arrivait à Lourdes le jour de notre
départ, mercredi, et elle a dû venir ici nous trouver ;
mais nous avons fait ce que vous désiriez ; nous nous
sommes arrêtées à Pau, entre deux trains, de dix heures
à midi, pour voir Sainte-Isabelle, qui a été bien con-

tente de cette surprise. Nous avons déjeuné au couvent : puis nous avons pris le chemin de Bordeaux, où nous sommes arrivées à cinq heures et demie du soir. Nous y avons passé le jeudi ; la mère a vu ses supérieures, et vendredi nous sommes parties à huit heures et demie pour arriver à onze heures le soir, pas trop fatiguées. Il ne reste plus maintenant que le doux souvenir et la reconnaissance, et l'espoir de reprendre la vie religieuse dans six à sept semaines, comme la Révérende Mère générale me l'a dit. J'ai pu me plonger dans la piscine, le dimanche matin, fête du saint Rosaire ; et j'ai été bien heureuse, car le soir je ne l'aurais pu. J'aurais désiré le faire tous les jours, mais la sainte Vierge a eu la bonté de me le permettre une fois, je l'en remercie bien ; cela a suffi, je n'en doute pas.

« ... Inutile de vous dire combien j'ai prié pour vous, et à toutes vos intentions : chaque jour j'ai fait brûler un cierge. Vous ne dites pas comment vous allez, en écrivant à la mère : je suis tentée d'être jalouse de ce que vous lui donnez la préférence, en lui écrivant plutôt qu'à moi.

« ... J'ai vu la chère et sainte mère Sainte-Hilde-garde, avec Sainte-Isabelle : elle m'a encore ravie par son chant ; ses ferventes prières et celles de tant d'âmes saintes me font bien espérer l'accomplissement de nos vœux. Soyez, s'il vous plaît, chère mère, l'interprète de mes amitiés près de Mlle Marie que je n'ai pas oubliée à Lourdes, ainsi que tous les chers habitants de Beaupuy.

« A Dieu, ma bien chère mère, je vous embrasse de tout mon cœur.

« Sainte-Yvonne,

« Sœur Marie-Réparatrice. »

On ne sait ce qui se passa entre cette âme et Dieu, dans cette dernière quinzaine d'octobre. Mais comme on le verra par le testament de cette sainte enfant, il y eut, sous l'impulsion du souffle divin, de nouveaux élans de ce cœur vers son Bien-Aimé, et ces aspirations ardentes consumèrent cette flamme vivante, qui s'évanouit, comme la lampe du sanctuaire, quand sa lueur se confond et disparaît dans les radieuses clartés de l'autel.

Le 31 octobre au soir, en prenant sa récréation avec toute la communauté, elle disait en parlant de la Toussaint: « O mon Dieu, demain, que ce serait un beau jour pour mourir! »

Et le lendemain matin, au moment où elle s'habillait pour se rendre à la messe et faire la sainte communion, on entendit tout à coup un cri partir de sa cellule. On se précipite vite pour lui porter secours, on ouvre et on voit la pauvre enfant renversée, la tête en arrière, sur son lit. On la relève : elle était morte.

Son âme, par une brusque secousse, s'était envolée, entrant dès l'aurore dans l'éternelle communion des élus, à l'heure où l'Eglise, par la voix de tous ses prêtres, chante ces belles paroles : « Venez, adorons le Seigneur, roi des rois : car il est la couronne de tous les saints. »

Au moment aussi où, à Beaupuy, Mme de Tinguy, heureuse et joyeuse, comme elle l'était dans toutes les fêtes, s'approchait de la table sainte, pour recevoir le Dieu qui donne du courage contre les grandes douleurs, et qui admet avec Lui sur la croix les cœurs les plus aimés.

Ce fut pendant la grand'messe que l'affreuse nouvelle arriva, dans une dépêche que l'on remit à Mme de Tinguy, au moment où le sermon commençait. La pauvre mère fut attérée quand elle lut ces mots : « *Sainte-Yvonne morte subitement ce matin six heures.* » Elle trouva dans sa foi vive le courage de ne pas défaillir et de rester debout au pied de la croix, le cœur saignant de cette blessure douloureuse.

Un de ses enfants partit avec M. l'abbé L. pour Nevers, d'où l'on ramena à Beaupuy le cercueil de l'angélique jeune fille. Une tombe fut creusée, tout près de celle qui renfermait les restes du petit Louis :

et c'est là que repose dans son innocence la vierge du Seigneur, de laquelle on peut dire en toute vérité cette parole de nos livres saints : « Elle fut au nombre de ces âmes qui ont trempé leur robe sans souillure dans le sang de l'Agneau immolé [1]. »

Qu'elle repose en paix, car elle a donné à ceux qui l'ont connue ce spectacle, incomparablement beau, de l'innocent qui souffre et qui s'immole pour les coupables.

Tous les cœurs amis furent pleins de compassion pour la douleur de cette mère désolée. Parmi les témoignages de sympathie qui lui furent envoyés, il en reste deux que nous sommes heureux de transcrire et de conserver :

« Chère Georgine,

« Je reçois ta petite lettre ici à peine arrivée, et m'empresse de te dire combien je compatis à ta douleur. Tu avais donné à Dieu cette chère fille, il avait pris sa part ; mais tu pouvais espérer qu'il te laisserait cet ange encore bien des années sur terre... Sa belle couronne était prête, voilà ce que nous pouvons regarder comme certain. Quelle belle mort ! Elle soupirait pour le ciel ! Elle l'aura trouvé ouvert pour la recevoir sans transition, sans souffrances ni angoisses

1. Apoc. VII, 14.

des derniers instants. Bénissons Dieu, ma chère
Georgine !

« ... Je respire à peine, arrivant il y a trois jours d'un
grand voyage bien fatigant. J'ai été à Florence, pour
voir ma pauvre amie de Fauveau[1], qui a été très
malade et l'est encore... Je t'en prie, souviens-toi
d'elle devant Dieu : recommande-la à ton ange, pour
obtenir une douce résignation, chose très difficile
avec un caractère habituellement vif et impétueux et
une imagination qui centuple toutes choses.

« Adieu, ma pauvre chère petite Georgine ! Que
Dieu te soutienne et bénisse mille fois.

« Cᵗᵉˢˢᵉ DE LA ROCHEJAQUELEIN. »

Une autre lettre de condoléance, qui apporta une
grande consolation, ce fut celle de Mᵍʳ Colet, archevêque de Tours :

« 13 novembre 1877.

« Madame,

« Le bon Dieu a trouvé mûre pour le ciel votre
chère fille, la sœur Louise-Marie-Antoinette, et il l'a
appelée à Lui. Déjà vous l'aviez donnée au bon Dieu,

---

1. « Ce fut près d'elle (la duchesse de Berry) que pour la première
fois je vis Mˡˡᵉ de Fauveau, dont le costume étrange, les récits
vendéens, la verve, l'éloquence, la passion pour le moyen âge italien,
le grand talent, nous frappèrent beaucoup et charmèrent agréablement ce temps d'attente. » (*Récit d'une sœur*, t. I, p. 137.)

lors de son entrée en religion, et aujourd'hui elle jouit du fruit de l'excellente éducation chrétienne et des saints exemples dont vous avez entouré son enfance et sa jeunesse ; et ce fruit, elle a la certitude de ne jamais le perdre.

« Cette pensée doit vous être une grande consolation au milieu des déchirements de votre cœur. Votre famille a acquis une protectrice de plus auprès de Notre-Seigneur.

« Quelque pur que l'on puisse être, en quittant cette vie, on a besoin de prières ; du moins l'Eglise veut que l'on prie pour tous les défunts. J'ai rempli ce devoir en ce qui concerne votre chère enfant, et j'ai en même temps demandé au bon Dieu de vous adoucir l'amertume de cette séparation.

« Agréez, Madame, l'assurance de mes sentiments respectueux et dévoués.

« † CHARLES, archev. de Tours. »

Douce consolation pour le cœur de Mme de Tinguy que cette affectueuse sympathie ; mais ce qui releva surtout vers la joie et vers l'espérance ses yeux pleins de larmes, ce fut le souvenir des vertus de son enfant, ce fut l'écho lointain de l'admiration et de la vénération que cette douleur si pure, si résignée, avait répandues à Nevers. Il est difficile d'écraser une fleur embaumée sans que l'atmosphère d'alentour soit imprégnée de son parfum.

Aussi Mme de Tinguy gardait précieusement et relisait souvent cette lettre, qui lui fut adressée par un grand vicaire de Nevers, le confesseur de la jeune religieuse :

ÉVÊCHÉ DE NEVERS

« 3 décembre 1877.

« Madame,

« Vos attentions sont vraiment trop délicates à mon égard, et je suis confus de vous voir ajouter à toutes les souffrances de votre cœur maternel le souci de m'écrire.

« Qu'ai-je fait autre chose que ce que tout prêtre eût fait à ma place, et sans doute bien mieux que moi ? Il est certain, d'ailleurs, que l'âme de votre chère enfant m'inspirait un profond respect et une vive compassion. Je m'appliquais à rendre plus légère, ou du moins très sanctifiante, cette croix qui, vue du dehors, l'écrasait, mais qui en vérité lui donna des ailes pour s'envoler plus droit et plus vite à sa place du ciel. Sa mort a été sa vie ; quand elle est venue, prompte, imprévue aux yeux des autres, votre enfant a reconnu dans la mort l'amie, dont la pensée lui était familière et qu'elle appelait de tous ses vœux !

« Elle pensait naïvement, quand même aucune souffrance plus menaçante ne se faisait sentir, que cette messagère de la miséricorde de Dieu ne tarderait pas à la venir prendre.

« Un jour, il y a quelques mois, Dieu mit sur mes lèvres des paroles très affirmatives, qui lui annonçaient sa fin prochaine. Elle crut, la pauvre enfant, à une certitude et me témoigna son étonnement plusieurs semaines après de ce que l'heure de la joie n'avait pas sonné.

« Dieu vous la rendra au ciel, Madame, avec sa parure d'immortelle santé et d'angélique blancheur. Dans la vision de ma foi, je salue en vous la mère d'une martyre. De telles douleurs et de tels sacrifices ont une vertu puissante, qui assure la persévérance chrétienne de plusieurs générations dans les familles ainsi prédestinées.

« Je garderai précieusement la pieuse image, elle me rappellera la mère et la fille, et le grand rendez-vous du ciel !

« Daignez agréer, M... »

Sa résignation fut encore bien plus joyeuse et son espérance de retrouver au ciel son enfant bien plus affermie, quand elle lut son testament ; quand elle put admirer les sentiments de dévouement et d'amour, qui avaient détaché de la terre cette si belle âme, attirée vers un monde meilleur.

MON TESTAMENT

Pour être envoyé à ma Mère et à Sainte-Isabelle.

« Maintenant, je l'espère, Dieu dans sa grande miséricorde aura reçu mon âme, comme je la lui ai offerte, ainsi que tout ce qu'Il m'avait prêté pour les jours de l'exil... Je le lui ai rendu, j'espère ; mais il me reste bien des dettes à acquitter envers Lui ; sans compter celles de ma reconnaissance pour tous ses bienfaits, au nombre desquels je compte les souffrances pour la part la plus largé et la plus précieuse. C'est ce qui a augmenté mon trésor pour le ciel et diminué la longueur du temps que je dois passer au séjour de l'expiation.

« Je ne puis rien vous demander de plus précieux que la prière. Pardonnez-moi, comme je vous pardonne toutes, qui que vous soyez, à qui j'ai pu faire de la peine, ou de qui j'ai pu en recevoir. Tout cela sera oublié près de Dieu... et là je vous serai moins inutile qu'en restant près de vous.

« Oubliez mes exemples, tout en un mot... J'intercéderai sans cesse pour vous auprès du Père des miséricordes. J'ai souffert près de vous, maintenant je ne me plaindrai plus comme vous en avez été témoins ; j'espère aussi ne plus trouver cet isolement qui me dévorait si souvent, en se faisant sentir de plus

en plus, ainsi que les angoisses de mon âme, dont le
ciel était si sombre que pas un rayon de joie ne l'a
illuminé depuis ces derniers temps.

« Je meurs dans la sainte Eglise catholique, apostolique, romaine et aussi dans ma chère société de
Marie-Réparatrice, qui me compte toujours au nombre
de ses enfants ; et j'espère leur être réunie irrévoca-
blement au ciel. — J'ai tant souffert ici-bas, que je
crois même que c'est la souffrance morale qui m'a
usée. — Je me suis consumée de désirs dans l'exil de
l'âme, et celui du cœur. Que de fois ai-je demandé
avec larmes au Seigneur ma délivrance !... Je meurs
pour une bonne cause, j'ai offert ma vie à Dieu pour
prolonger celle de notre Mère Générale ; Dieu m'a
exaucée !...

« Je pars... à Dieu !... à Dieu !... à Dieu !

« Mon Dieu, je remets mon âme entre vos mains.
Je ne regrette que les jours inutiles, les jours perdus
pour l'éternité. Qu'importe de quel endroit de la terre
on monte au ciel ? Tous les chemins y mènent,
surtout ceux qui sont semés d'épines.

« Marie de Sainte-Yvonne,

« S. M. R. »

XVI

Tristesses. — Les expulsions. — Charité chrétienne.

Du haut du ciel l'enfant tendait les bras à sa mère : et il ne faut pas trop s'étonner si depuis ce moment on trouve souvent dans les lettres de Mme de Tinguy des pensées comme celle-ci : « Grâce à Dieu, chère Madame, nous le savons depuis notre enfance : il n'y a de *vraies*, de *douces satisfactions* en ce monde qu'à aimer Dieu et à le servir. Le reste est accessoire, et ne saurait jamais contenter une âme, créée seulement pour Dieu, et que Dieu seul peut combler de bonheur. » Et ailleurs : « Je n'ai que tristesses à vous dire, je devrais me le reprocher. »

Plus que jamais elle avait au cœur cette mélancolie des âmes saintes, qui aspirent à la délivrance. Mais cet « *ennui de vivre* » n'assombrissait pas la sérénité de son front, et n'altérait jamais la douceur de son affectueux regard. Car en elle-même vivait toujours un amour bien tendre pour ses enfants.

Un de ses fils était à Boulogne-sur-Mer en janvier 1878. Elle entreprend ce long voyage pour l'aller voir. En même temps elle a le bonheur de retrouver là-bas le P. H., avec lequel elle s'entretient des joies du ciel et de l'éternité.

Puis, quand revient chaque année la fête de ses enfants, c'est avec une touchante délicatesse qu'elle leur envoie ses vœux :

« Ma chère petite Louise, écrit-elle le 20 juin 1879, je n'oublie point que c'est demain la fête saint Louis de Gonzague et par conséquent la fête de ma petite fille chérie. Je te la souhaite bonne et pieuse, ma Louisette. Je prierai bien ton saint patron de te bénir, de te protéger, et d'obtenir de Dieu que tu sois une enfant pieuse, humble, soumise et dévouée. Toutes les vertus en un mot, je te les souhaite... »

Puis, comme un écho de cette tristesse qui gémit toujours dans son âme, elle ajoute bientôt :

« ... Encore un ennui !... Tu vois que la vie en est pleine, ma Louise, il faut savoir les accepter et en profiter pour son salut...

« ... A bientôt, ma petite chérie, sois toujours bonne et complaisante pour Marguerite, qui est si attristée de ne plus voir sa mère depuis trois semaines : apprends de bonne heure à faire mille petits sacrifices, pour être agréable à ceux qui t'entourent : c'est ainsi que tu plairas à Dieu et à ton saint patron. »

Du reste jamais elle ne laisse passer une occasion de recommander à ses enfants cette foi profonde, qui doit remplir toute âme baptisée, et cette piété vive qui doit fleurir dans toute famille vraiment chrétienne. Etant en retraite, elle écrit à une de ses filles :

« C'est un bon petit moment de récréation que je prends près de toi : ce ne sera pas bien long toutefois : car en retraite le bon Dieu avant tout, c'est-à-dire les exercices de la retraite qui sont faits pour conduire à Dieu, dans ce monde et dans l'autre. Je compte recevoir encore un mot de Beaupuy ce matin. Mlle M. est si fidèle que je ne cesse de l'en remercier, comme aussi ta lettre m'a fait le plus grand plaisir. Si tout va bien ; si Mlle M. me dit que raisonnablement je puis rester jusqu'à vendredi, pour arriver samedi à cinq heures à Beaupuy, je resterai ; car c'est si rare de pouvoir se recueillir sérieusement pour penser à son âme ; et c'est pourtant l'unique chose nécessaire, et la seule pour laquelle nous sommes créés.

« ... Je pense que Ter., Ray. et toi faites quelques prières à mon intention, comme le chapelet le soir à la chapelle. Je vous le rends bien chaque jour, et plusieurs fois chaque jour même.

« ... Tu diras à Mlle M. que je n'ai pas vu encore

M. de B. — Le P. A... m'a dit hier soir que
Mlle de B. était une âme *très, très* dévote au Saint-
Sacrement. — Vous me remplacerez avantageusement
à Mouilleron pour le travail aux reposoirs : il faut que
L. et Car. ne manquent pas d'y aller et de faire tout
leur possible : je ne parle pas de Ter. Je sais que son
amour pour Notre-Seigneur l'y porte sur des ailes de
flamme. »

Et elle termine par cette réflexion joyeuse : « Il y a
ici beaucoup de petites sœurs qui m'appellent Mlle
(parce que ce sont ces sortes de personnes qu'elles
reçoivent d'ordinaire).

« Ce qui me plait tellement que je me garde bien
de les en dissuader : alors je remonte en riant mon
petit escalier. »

Cette piété ardente pour Dieu et pour les choses de
Dieu lui fit éprouver une impression bien douloureuse,
quand elle apprit la nouvelle des expulsions en 1880.
Dans un voyage en Bretagne, à cette époque, elle eut
la joie de rencontrer un saint religieux, le P. M., qui
depuis longtemps lui conservait une affectueuse vénération. « A huit heures ce matin, écrit-elle, nous
étions à Pleucadeuc, pour la messe du Père. Il est
arrivé hier soir en bonne santé, mais triste, profondément triste, le pauvre Père ; surtout lorsqu'il pense
qu'il passe peut-être ici ses deux derniers jours de
communauté. »

Quelques semaines plus tard, les religieux étaient chassés de leur maison de travail et de prière.

Mme de Tinguy se trouvait alors à Vichy. C'est de là qu'elle écrit :

« Je viens de lire avec bien du chagrin ce qu'on a commis contre les pauvres P. C. Notre bon P. A.., était à Paris ; vous aurez lu la relation que *l'Univers* me donne ce matin de l'attentat commis hier matin à Paris, et dans les seize villes, où ces pauvres P. ont des couvents. Que vont-ils devenir ? Je voudrais bien être pour eux ce que ma sœur a eu le bonheur d'être [1]. Je ne sais plus où prendre le P. A. Je lui ai heureusement écrit de Vichy. — Et si quelqu'un des Pères vous arrive à Beaupuy, recevez-les comme une véritable bénédiction. »

C'est une bénédiction véritable en effet que cette visite de l'innocence persécutée ; et chacun sait les heureux fruits de salut, recueillis par les familles dévouées, qui ont eu le bonheur, pendant la première Révolution, de cacher un prêtre.

Mme de Tinguy n'eut pas cette joie d'ouvrir l'hospitalité de sa maison à ces exilés, qui, après avoir quitté le foyer de leur famille humaine, se voyaient violemment arrachés du foyer de leur famille reli-

---

1. Mme de Beauregard du Deffend avait donné asile aux Pères expulsés de Beauchêne.

gieuse ; mais elle soutint de tout son pouvoir l'œuvre du denier des expulsés.

Jamais, du reste, elle n'a repoussé la main qui lui demandait une aumône et un secours. Puisque nous parlons de sa charité, qu'on nous permette d'en raconter quelques traits. Nous dirons peu de chose, car elle a toujours enveloppé d'un voile discret ses œuvres les plus méritoires, et elle ne nous pardonnerait pas de révéler à tous ses largesses, qu'elle a cachées même à ses plus intimes.

Aussi, sans entrer dans beaucoup de détails, nous mentionnerons simplement l'école de sa paroisse, qu'elle a construite à grands frais: elle comprenait si bien que, dans nos jours de trouble et de lutte, la meilleure des aumônes est celle qu'on fait aux âmes des enfants.

Du reste Mme de Tinguy, dans toutes ses charités, a été poussée non pas certes par cette philanthropie, trop commune de nos jours, mais par son amour profond de Notre-Seigneur et de son saint Evangile.

Une foi vive animait sa charité: en celui qu'elle assistait elle voyait Jésus-Christ lui-même; et, quand celui-là était un prêtre, elle se trouvait doublement heureuse.

Un jour, quelqu'un vient lui dire qu'un pauvre prêtre va être saisi par la justice, étant dans l'impossibilité de remplir des engagements, contractés po ur sa famille. La somme à fournir, comme caution, est assez forte. Mme de Tinguy est en ce moment sans ressources. Que faire ? Elle emprunte alors, et envoie délicatement l'argent nécessaire au prêtre dans l'embarras. Quand plus tard on veut la remercier, elle n'a qu'une réponse, celle de la charité : « Comme j'ai été heureuse de vous être utile ! » Laissant voir, avec une délicatesse touchante, qu'elle a plus de bonheur à donner que d'autres à recevoir.

C'est par billets de cent francs, de cinq cents francs, de mille francs, qu'elle donne au denier de Saint-Pierre, à la Propagation de la foi, à toutes les œuvres catholiques. Et toujours c'est avec une humilité, une délicatesse discrète, qu'elle fait passer ses offrandes. Un seul trait entre mille, pour montrer la beauté de cette âme, qui aime être ignorée, et qui trouve d'ingénieux moyens pour demeurer inconnue, de Dieu seul attendant sa récompense.

Un jour, elle envoie un billet de mille francs à Montmartre. « Inutile, dit-elle, de m'accuser réception ; faites-moi tenir une image, pour me prouver que vous avez bien reçu ma lettre. »

Et c'est ainsi qu'elle faisait toujours, préférant aux compliments des hommes la douce voix de sa conscience heureuse, et surtout la chère voix de Notre-Seigneur qui lui disait : « Merci » du fond de son tabernacle.

Et les pauvres ! Elle les avait en haute estime ; les regardait comme les amis du bon Dieu, et les traitait comme tels.

Chaque année, au commencement de l'hiver, elle composait son trousseau pour les malheureux ; des vêtements de toutes sortes, des lits, des draps, des couvertures, du linge, des layettes pour les petits déshérités de la fortune, qui ne trouvent pour les couvrir, à leur entrée dans la vie, que les caresses et les baisers de leur mère.

Par une attention délicate de sa charité prévoyante, enseignant à ses filles la bonté et la compassion, elle aimait à leur donner, comme cadeaux de fête, des pièces d'étoffe. Elle savait bien du reste que ces vêtements, destinés à revêtir les membres souffrants de Jésus, seraient mieux accueillis que les plus somptueuses parures.

Un jour, on vient lui annoncer qu'une pauvre orpheline demeure sans ressources ; elle a quelques mois à peine. Bien vite elle adopte cette enfant du bon Dieu, la met en nourrice, et la prend à sa charge pendant quinze ans, jusqu'à ce que l'enfant puisse marcher seule dans la vie.

Une autre fois, c'est un orphelin qu'elle recueille, et qu'elle confie à l'une de ses fidèles domestiques. L'enfant malheureusement meurt au bout de quelques mois, et monte au ciel prier pour cette mère, que la charité lui avait donnée.

Cette générosité ne se lassait jamais. Toutes les catastrophes, tous les revers trouvaient en elle une consolation et un secours. Dans une circonstance, c'était trois cents francs qu'elle faisait passer à une famille éprouvée ; dans une autre, deux cents francs qu'elle portait elle-même, sachant qu'elle pouvait le faire, sans froisser et sans humilier. Car elle était de ces âmes délicates, qui préfèrent sacrifier la joie si douce et si pure, que l'on goûte dans les yeux du pauvre reconnaissant, à la crainte de le froisser dans sa dignité.

Aussi que de moyens ingénieux elle savait employer, pour ne pas blesser les susceptibilités les plus ombrageuses ! Souvent même c'était à une tierce personne qu'elle confiait son aumône, ne voulant pour elle que l'humble joie d'espérer un rayon de plus à sa couronne du ciel.

Parmi ses œuvres de charité, une de celles qui attiraient davantage ses prédilections, était l'œuvre des séminaires ; car elle avait compris que si, d'après J. de Maistre, « former une femme, c'est fonder une école », faire un bon prêtre, c'est sauver une paroisse : et c'était une de ses joies de penser qu'elle avait pu contribuer à l'éducation de plus d'un saint prêtre.

Aussi pour cette œuvre sa bourse était toujours ouverte, et chaque année c'était par plusieurs centaines de francs qu'elle donnait aux séminaires.

Détail touchant: les trois dernières lettres qu'elle a écrites, avant de tomber pour ne plus se relever, étaient trois lettres dictées par la charité de son cœur ; la première pour envoyer de l'argent à M. de S., directeur de l'œuvre des orphelins, et les deux autres pour faire tenir à deux prêtres les pensions de séminaristes, dont elle s'était chargée.

Toujours sa charité se présentait sous les formes les plus gracieuses et les plus délicates ; et si « celui-là est aimé de Dieu, selon la parole de saint Paul [1], qui donne avec le sourire aux lèvres », elle eut souvent dans sa vie ce bonheur, d'attirer sur elle les divines prédilections.

En 1877, trois prêtres des environs, ayant fait partie d'un pèlerinage à Rome, furent à leur retour invités à déjeuner à Beaupuy. En s'asseyant à table, ils trouvèrent à leur place, devant eux, un charmant bouquet de fleurs, qui était là pour leur souhaiter la bienvenue. Au milieu de chacun des bouquets, Mme de Tinguy avait discrètement caché un billet de cent francs, destiné à les remercier du simple souvenir qu'ils avaient voulu lui rapporter de Rome.

Mais ce qu'elle savait donner surtout, c'était la sympathie d'une âme affectueuse, c'était les délicatesses d'un dévouement toujours en éveil.

---

1. *Hilarem datorem diligit Deus.* (2. Cor. IX, v. 7.)

En juillet 1880, un jour qu'elle se promenait avec
ses enfants, dans une allée de Beaupuy, on vient tout
à coup lui annoncer qu'un terrible accident de voiture
a renversé là, tout près, sur la route de Belleville,
M. de la Pouzaire. Elle accourt, et trouve le sympathique conseiller général de la Vendée pâle, couvert
de poussière, et la jambe brisée. Elle lui prodigue
avec empressement les premiers soins, et veut le faire
transporter à Beaupuy. M. de la Pouzaire, par
un secret pressentiment de la gravité de son mal,
remercie affectueusement Mme de Tinguy, et lui
témoigne le désir de se rendre à Saint-Denis. Alors
elle fait atteler sa calèche, où l'on dépose avec précaution, sur un matelas et des coussins, le pauvre
blessé. Puis ne voulant point laisser à d'autres
l'occasion d'exercer une charité aimable et gracieuse,
elle prend place à côté de lui dans la voiture, et
l'accompagne jusqu'à Saint-Denis.

Plusieurs fois elle a raconté depuis quelle édification
lui avait inspirée ce bon M. de la Pouzaire, qui
avait montré un calme toujours souriant au milieu
d'atroces douleurs, et qui, connaissant la piété de
Mme de Tinguy, lui avait proposé de réciter le chapelet,
« pour demander à Dieu et à la très sainte Vierge
que Mme de la Pouzaire acceptât cette épreuve avec un
grand courage. »

Elle avait encore les larmes aux yeux, au souvenir

de ce chrétien oubliant ses souffrances pour penser à ceux qu'il aimait, confiant si pieusement à Dieu sa propre vie et le bonheur des siens. Et, lorsqu'à la suite de cette grave blessure, la mort eut enlevé M. de la Pouzaire aux tendresses de sa femme et de ses filles, Mme de Tinguy lui donna de respectueux et sympathiques regrets ; il lui était doux de le rappeler souvent, comme un exemple de foi courageuse et d'affection dévouée.

XVII

Sollicitudes, préoccupations pour ses enfants. — Premières atteintes du mal. — Saison au Mont-Dore. — Ascension du Sancy. — Délicatesse et piété. — Extraits de son testament.

1880-1884

LES œuvres de charité, les soucis et les préoccupations du dehors ne l'empêchaient pas de donner toutes ses sollicitudes à sa maison et à ses enfants. Sa plus jeune fille terminait alors son éducation, sous la sage direction d'une institutrice intelligente et dévouée. Elle est heureuse des excellents résultats de cette œuvre, si difficile et si importante : elle s'efforce en toute occasion d'inspirer à son enfant les beaux sentiments d'une affectueuse gratitude, qui ne s'épanouissent que dans les nobles âmes.

« Apprendre, lui écrit-elle du Mont-Dore, le 11 juillet 1880, que tu es bien gentille et reconnaissante des soins que te donne cette bonne D^lle M. me fait le plus grand plaisir. Votre harmonie *m'enchante* (sans jeu de mots). » Et quelques jours plus tard : « Ma petite chérie, si tu veux me faire le plus grand plaisir, ce sera d'être très aimable pour Mlle M..., bien reconnaissante des soins qu'elle prend pour toi et pour ton traitement. »

Et quelques années après, lorsque la Providence lui enlèvera une auxiliaire si précieuse, elle écrira : « Mlle M. va nous quitter dans une quinzaine de jours : c'est une séparation qui sera douloureuse pour nous. Je puis à peine y penser : mais sa mère la désire. »

On le voit : ces vertus de la reconnaissance si rares en ce monde, non seulement elle les développait avec soin dans le cœur de ses enfants, mais elle les gardait religieusement elle-même dans son cœur.

C'est à cette époque précisément qu'une institutrice, qu'elle avait beaucoup aimée, lui faisant part de son mariage, Mme de Tinguy lui répond :

« Chère Madame,

« Je reçois à l'instant votre bonne lettre d'hier, et je m'empresse de vous dire que je m'associe de tout cœur à vos préoccupations du moment présent. Je partage vos joies et vos tristesses ; mais je vous félicite néanmoins : car je crois que le bon Dieu vous destine encore à sauver cette âme. Elle doit lui être bien chère, puisque sa miséricorde l'a fait passer par tant d'épreuves si douloureuses... Et je puis ajouter, sans flatterie, que c'est une grande grâce pour un époux de s'unir à une épouse aussi dévouée, aussi pleine d'amour de Dieu et de son devoir que vous l'êtes, chère Madame. Puisque votre humilité me le demande, je prierai à vos chères intentions. Et je ne doute pas que vous soyez heureuse dans cette union. Du moins, autant qu'on peut l'être en ce monde.

« Je vous l'ai dit, je ne suis pas surprise qu'un homme de cœur, et *bien avisé*, vous recherche comme compagne de sa vie, comme maîtresse de maison, et amie dévouée. Je le féliciterais, si je l'osais ; car je vous connais aussi bien que lui, et bien avant lui. »

C'est dans ces termes d'une délicatesse affectueuse qu'elle parlait à ceux qui avaient su mériter sa confiance et gagner sa sympathie.

S'il en était ainsi à l'égard de personnes étrangères à sa famille, que dire de sa tendresse et de son dévouement pour les siens ? Nous avons beaucoup parlé déjà de cet amour maternel : nous ne pouvons nous lasser d'y revenir ; il a tellement rempli le cœur et la vie de Mme de Tinguy qu'il devrait, ce semble, animer toutes ces pages et les rechauffer de ses effusions si vives et si ardentes.

Pour sa fille malade, ce sont des sollicitudes de tous les instants. « Je suis très contente, lui écrit-elle au Mont-Dore, en 1881, que tu fasses de belles promenades. Il ne faut pas trop marcher, mais rester toute la journée dehors, dans ces bois ombreux qui montent au *Capucin*.

« ... J'ai appris avec plaisir, ma chérie, que M. Mascarel trouve lui aussi que ta poitrine s'est fortifiée : raison de plus pour suivre ton traitement avec courage et énergie. Il faut apprendre à supporter bravement les ennuis de ce monde, les choses pénibles, les contrariétés de tout genre, qui sont inséparables de cette vie, et que le bon Dieu nous envoie : sans cela, ma L., quels mérites amasserait-on pour l'autre monde ? »

Si cet amour maternel était vivace en son cœur ; si cet amour était sa joie suprême et sa plus intime consolation, cet amour faisait aussi son tourment : pourquoi sommes-nous ainsi créés que les êtres les plus délicats sont ceux qui souffrent le plus en ce monde ?

« En vérité, dit Mme de Sévigné, il est bien douloureux d'exceller en amitié ; ceux qui sont si sensibles sont bien malheureux. »

Ecoutons-la s'écrier dans une amère tristesse :

« Nos pauvres enfants sont un perpétuel sujet d'alarmes, et un sujet inépuisable désormais. Je ne sais de quel côté reposer mes yeux, pour donner un peu de consolation à mon cœur maternel. »

Et cependant la foi dominait tout dans cette âme, et comme le lierre au tronc de l'arbre, c'est à cette vertu robuste que son courage trouvait vigueur et appui. Dans cette même année 1882, en mai, elle fit le pèlerinage de Lourdes ; au retour, à Pau, elle fut saluée au passage par une religieuse de Marie-Réparatrice, qui a dit d'elle : « Quelle âme que celle de la vénérée Mme de Tinguy ! Il ne m'a fallu qu'un instant passé près d'elle pour reconnaître là une âme simple et candide, qui marchait dans la présence de Dieu avec une foi d'enfant, et une *soumission à toutes ses volontés,* qui prêchait tout haut et sa souveraineté et sa bonté. »

En mars 1883, il y eut à Mouilleron une mission pendant le carême : elle en suivit avec une pieuse assiduité tous les exercices ; elle voulut contribuer largement à l'érection du beau calvaire de granit que tous les voyageurs admirent au sortir du bourg.

Le jour de la clôture, le lundi de Pâques, 26 mars, Monseigneur l'évêque de Luçon vint bénir ce monument et dans un discours d'une haute éloquence, exaltant les grandeurs et les beautés du calvaire, il empruntait aux livres saints cette allusion délicate : « *In die illa erit fons patens domui David et habitantibus Jerusalem.* »

« Cette croix sera une source féconde de grâces et

de faveurs spirituelles. De là les bénédictions découleront sur cette famille si pieuse, qui partout et toujours
donne l'exemple de la foi, du dévouement, de la
générosité et de la vertu. Elles descendront sur tous
les habitants de cette paroisse, qui conserveront les
traditions et la religion de leurs pères. »

Nous empruntons ce souvenir à la *Semaine catholique* de Luçon, qui ajoute :

« Chacun, en se retirant, emporte dans son cœur
un souvenir ému de ce discours saisissant, et de cette
touchante cérémonie.

« Et en contemplant cette croix si artistement
sculptée, si solidement fixée sur son socle de granit,
chacun sent naître une espérance ; c'est que pendant des
siècles, cette croix verra passer de nombreuses générations chrétiennes et ferventes ; et qu'elle demeurera
là, pour témoigner aux âges à venir de la foi et
de la piété de notre époque, si religieuse encore
malgré les scandales qui font trembler les âmes faibles.
Et tout le monde au fond du cœur remercie le pasteur
intelligent et zélé, qui a pris l'initiative de cette œuvre
religieuse et artistique, et qui a trouvé tout près
de lui, dans un dévouement toujours humble et
toujours caché, un si puissant et si efficace encouragement. »

Depuis un certain temps, Mme de Tinguy souffrait de
ce mal qui devait bientôt devenir mortel ; la moindre

fatigue lui donnait du côté du foie des douleurs intolé-
rables.

En juillet 1883, elle fait une saison à Vichy pour
elle-même ; et elle se rend de là au Mont-Dore pour
ses enfants.

Elle avait ressenti un grand soulagement de son
séjour à Vichy, et personne alors n'eût pu se douter,
en admirant sa douceur, sa sérénité, en jouissant de
son amabilité et de son entrain joyeux, qu'elle éprouvait de temps en temps des douleurs lancinantes et
vives, qui lui laissaient peu d'illusion sur l'issue
inévitable de la maladie.

Avec quelle charité ingénieuse elle se prodigue à
ceux qui l'entourent ! Quelle gaieté même elle répand
autour d'elle, dans ce petit groupe d'amis souvent
soucieux et attristés ! C'est ainsi que le 2 août, jour
où elle prenait ses soixante ans, elle organise elle-
même une caravane, pour faire l'ascension du Sancy.
Pendant deux heures, elle gravit à pied ses pentes
abruptes, sous un soleil de feu ; elle ne s'arrête que
pour cueillir çà et là une de ces fleurs des montagnes,
aux couleurs vives, aux parfums pénétrants. Elle ne
veut se reposer que sur ce haut sommet dénudé par
le vent et noirci par la foudre, au pied de la croix de
fer qui domine ce pic sauvage, et s'élance dans la
sérénité du ciel profond. Longtemps elle demeure là,
le regard perdu dans l'infini, s'abandonnant à cette

joie intime, qui sourit dans l'âme, quand on se repose au-dessus des tempêtes de ce monde, quand on domine de haut cette terre, si petite et si misérable !

Telle avait été la vie de Mme de Tinguy, pendant ces soixante années : une ascension laborieuse, mais pleine de courage, soulagée deçà delà par quelques joies, suaves et pures comme ces fleurs des hauts sommets, qui n'ont ni la couleur ni le parfum des plantes vulgaires de la plaine ; ascension pénible, dont elle se repose au pied de la croix, dans la paix sereine d'une âme immolée ; heureuse seulement avec ceux qu'elle aime, loin des créatures et tout près de Dieu.

Le voyage au retour fut silencieux et rapide, sur les pentes déjà couvertes d'ombres, où çà et là émergent quelques saillies faiblement éclairées par les dernières lueurs du soleil couchant.

C'est avec le sentiment d'un bonheur profond qu'après une pareille lassitude on ferme les yeux, pour s'endormir dans un sommeil réparateur, en attendant l'heure du radieux réveil.

C'est au retour de ce voyage au Mont-Dore, qu'elle trouve à Beaupuy son vénérable curé, M. l'abbé B..., malade des suites d'un accident de voiture, qui le retint sur le lit pendant plusieurs semaines.

La blessure n'a pas permis de le transporter sans imprudence jusqu'à la cure ; nous osons dire que

Mme de Tinguy se réjouit secrètement de cette impossibilité; pour cet excellent prêtre elle a eu toute sa vie une vénération profonde. Inutile de dire avec quelle sollicitude elle lui prodigue les soins les plus respectueux; elle en appelle à son intelligence et à son cœur, et trouve mille moyens ingénieux pour faire agréer, sans paraître, toutes les délicatesses de sa charité.

N'est-ce pas Fénelon qui a écrit : « Il faut beaucoup d'esprit pour être bon ? »

C'est assez dire quel tact exquis, quelle judicieuse réserve accompagnent toujours ses pas et démarches.

« Notre *respectable blessé* n'est point encore sur pied, bien qu'il soit mieux. On a commencé à le porter une fois à la chapelle. Son grand bonheur serait d'avoir la sainte messe de temps en temps, surtout samedi et dimanche prochains. Ne pourriez-vous, Monsieur l'abbé, nous faire ce très grand plaisir ? Si la chose est possible *sans fatigue,* vous pourriez nous envoyer un télégramme, poste restante, à la Roche, pour nous dire à quelle heure demain aller vous chercher. »

Nous avons parlé de sa délicatesse et de sa discrétion. C'est à ce même prêtre qu'elle écrivait :

« 5 novembre 1883.

« Monsieur l'abbé,

« Je reçois une nouvelle lettre de Mme la baronne

de… qui me dit sa désolation de ne pouvoir compter sur vous, pour avoir la sainte messe dans le mois de novembre. Je ne veux en aucune manière influencer votre détermination. Je me reprocherais amèrement de vous occasionner quelque fatigue : et je comprends trop les soins que votre santé exige… mais puisqu'on me dit d'insister, je me permets de le faire. »

Et quand elle a obtenu une réponse favorable, elle écrit encore :

« Pourvu que ce voyage ne vous soit pas nuisible : je viens d'envoyer des pages de recommandations à Madame de… J'ai prié ces dames de monter une bonne garde autour de vous, pour que personne ne se permette de vous fatiguer, surtout M. le curé de… et les autres ecclésiastiques. Je prie Madame de… de vous faire de la musique, de vous chanter des cantiques… N'allez pas me gronder surtout… J'y ajoute toutes vos recommandations pour l'heure de la messe… Il est bien entendu aussi que vous gardez toute votre liberté pour le retour. »

C'est dans cette même lettre, adressée à un prêtre dont elle connaît la tendre piété, que nous trouvons ces paroles. Elles nous montrent son cœur, toujours si affectusement incliné vers l'Eucharistie.

« La petite chapelle ne renferme-t-elle pas *Tout ?* ce *Tout* du ciel et de la terre ? »

Ainsi en était-il, chaque fois qu'elle rencontrait une

âme qui pouvait la comprendre. Ecoutons encore :

« Le père de famille est ici pour ses dévotions de la Toussaint. H. et lui étaient à confesse ce matin : R. part pour Nesmy : *ce sont là mes grandes, mes douces, mes bonnes nouvelles...* Je sais que vous en partagerez la consolation avec une pauvre mère bien affligée...

« Demain jour anniversaire de la mort de ma chère petite religieuse Marie-Antoinette, décédée subitement en s'habillant à six heures du matin, pour se rendre à la messe de communion. Elle avait dit la veille au soir, en récréation à la communauté, son désir de mourir à pareil jour. Quelques heures après son désir a été exaucé, dans sa trentième année, sa dixième de vie religieuse. — R. I. P. Une petite prière, s. v. p., cher Monsieur l'abbé ; — et pour une intention bien autrement importante pour la gloire de Dieu et le salut d'une âme. »

Dans une autre lettre à un prêtre, qui devait passer quelques jours dans sa famille :

« Bénissez mon petit-fils tous les soirs, mon bon Monsieur l'abbé. Vous verrez que ce cher petit F. est tout à fait attachant, intelligent et très bien élevé par sa mère...

« Je ne voyais pas que l'aiguille marque dix heures passées, et que tout dort autour de moi, sauf ma L., qui est notre belle de nuit, comme nous disons, parce qu'elle n'aime pas dormir de bonne heure, tandis que T. (belle de jour) se met à l'ouvrage avant l'aurore, et dort comme les oiseaux, avec le coucher du soleil. »

On le voit, son cœur déborde de toutes les délicatesses de la piété et de toutes les tendresses de l'amour maternel, et à tous ceux qu'elle aime elle parle de ses chers enfants, car les lèvres murmurent si naturellement ce qui chante au fond de l'âme.

De temps en temps elle s'effraie, en voyant ses filles si faibles, à la pensée de les quitter : car elle a parfois comme des pressentiments de mort. Poussée par cette impression de fin prochaine, le 19 mars 1884, elle écrit son testament. Qu'on lise en quels termes cette chrétienne des temps antiques exprime les beaux sentiments de son cœur.

†

J. M. J.

Ceci est mon testament

« Au nom du Père, du Fils et du Saint-Esprit, moi, Georgine-Henriette-Françoise de Chabot, épouse de Henri-Louis-Ernest de Tinguy, remercie le bon Dieu de m'avoir fait naître dans la sainte Eglise catholique, apostolique et romaine, dans laquelle je veux vivre et mourir. Je demande à Dieu pardon de mes péchés,

et me confie en sa miséricorde *infinie,* en laquelle
seule j'espère.

« Je prie mon mari et mes enfants de me pardonner
les peines que j'ai pu leur faire, et je leur recommande
instamment de prier et de faire prier pour le repos
de mon âme.

« Je supplie mes chers enfants, et je leur demande
comme étant mes dernières volontés :

« D'aimer Dieu et de le servir de tout leur cœur ;

« De beaucoup s'aimer les uns les autres ;

« De mettre toute leur force dans la prière ;

« De fuir les camarades dangereux ;

« D'aimer et de secourir les pauvres.....

« Je leur recommande encore de ne pas m'oublier
dans leurs prières, moi qui les ai aimés uniquement.
J'ai souvent omis bien des exercices de piété pour
m'ocuper d'eux ; aussi je leur demande de ne pas me
laisser trop longtemps dans le purgatoire, si j'ai le
bonheur d'y aller.

« Mon plus grand désir, ma volonté la plus formelle
est que les intérêts ne les divisent pas : qu'ils se
partagent notre succession à l'amiable, comme nous
l'avons toujours fait dans notre famille. L'amour que
nous avons les uns pour les autres vaut mieux que
toutes les richesses de ce monde. La vie est courte. La
médiocrité conduit plus sûrement au ciel que l'abondance.....

« Fait au château de Beaupuy, ce dix-neuf mars mil huit cent quatre-vingt-quatre, en la fête de notre bon saint Joseph.

« GEORGINE-HENRIETTE-FRANÇOISE DE CHABOT,

« Épouse de HENRI-LOUIS-ERNEST DE TINGUY. »

XVIII

*Mariage de M. R. — Séparations. — Lamalou. —
Maladie de Mlle L. à Lourdes.*

1884-1885

Au commencement de l'année 1884, elle eut une grande joie, celle de voir son fils R. épouser une jeune fille pieuse et bonne, issue d'une vieille et religieuse famille de Bretagne. « Mlle B., écrit-elle à ses filles, est vraiment bien aimable de caractère ; son air est doux et souriant... Nous faisons venir la bague de promesse — un beau saphir entouré de diamants. — Nous la ferons bénir par le P. A. Je reçois à l'instant une très belle lettre de votre chère belle-sœur, qui félicite R. et bien affectueusement. Il en est très touché et vient de la relire. »

Hélas ! trop souvent ici-bas le deuil suit de bien près les fêtes ; et les guirlandes de fleurs, qui couronnent nos bonheurs et nos espérances, sont à peine fanées qu'il faut suspendre à leur place des tentures mortuaires.

Au mois de juillet, Mme de Tinguy passait à Paris, se rendant aux eaux avec ses filles. Mme de B., sa sœur, s'y trouvait pour la corbeille de mariage de son fils aîné. Cette sœur, beaucoup plus jeune que Mme de Tinguy, n'ayant jamais connu sa mère, avait reporté sur elle ses affections et ses tendresses ; aussi fut-elle heureuse de l'avoir près d'elle à cette heure de réjouissance. Ce fut donc une réunion bien intime et bien gaie, où tous les cœurs vibraient à l'unisson sous ce frisson mystérieux du bonheur, si vif et si pur quand il est encore l'espérance.

Quelques semaines après, en août, Mme de B. fut saisie inopinément par une maladie terrible, qui l'emporta en quelques jours, presque à l'heure même où l'on célébrait à Bordeaux le mariage de son fils : union qu'elle avait rêvée et dont elle était si enthousiaste.

Mme de Tinguy fut vivement émue par cette mort.

« Je suis très sensible aux regrets que vous voulez bien m'exprimer au sujet de notre profond chagrin. Je transmets à ma nièce, et à T., qui est près d'elle, l'expression de votre sympathie. Je sais qu'elles en seront profondément touchées, ainsi que toute la famille.

« Nous avons fait une perte irréparable, humainement parlant, et notre douleur est bien grande. J'ai eu la suprême consolation de l'entourer de mes soins, pendant les quinze derniers jours de sa vie, et de lui rendre les derniers devoirs : mais je perds en elle bien plus qu'une sœur : une amie, et quelle amie !!! »

La tombe de Mme de B. était à peine fermée que son mari, dont le cœur avait été brisé par cette séparation douloureuse, succombait à son tour, et rejoignait au ciel celle qu'il avait aimée.

A certaines heures de notre vie, Dieu semble vouloir nous avertir que le départ n'est pas éloigné : il brise un à un tous les liens qui nous retiennent ici-bas : autour de notre cœur l'isolement se fait : il arrive un moment où à chaque détour du chemin on a laissé un être aimé, et où l'on ne vit plus guère que par le souvenir... et l'espoir du « *revoir éternel...* »

Aussi Mme de Tinguy trouvait comme l'expression de sa pensée dans ces strophes, qu'un poète lui avait envoyées cette année-là :

L'OCTOGÉNAIRE

Au pays des vivants mon séjour se prolonge ;
Dès longtemps, mes amis d'enfance ont disparu ;
Et mon cœur se remplit de larmes, quand je songe
    Au chemin parcouru.

La mort a sur mon ciel répandu ses ténèbres.
Tant de fois j'ai pleuré que mon œil est éteint.
Dans mon cœur, je n'entends plus que des glas funèbres
    Gémir dans le lointain.

A travers ces tombeaux de tous les morts que j'aime,
Et qu'au bord du chemin en pleurant j'ai laissés,
J'emporte l'espérance, au dedans de moi-même,
De voir mes trépassés.

Plus j'avance là-bas vers l'éternelle rive,
Plus je sens dans mon cœur le passé rajeunir :
Vers moi, de ce rivage, où doucement j'arrive,
Mes chers morts vont venir !!!

Mais non, sa tâche n'était pas achevée, il lui restait encore plus d'une amertume à savourer, et plus d'une douleur à souffrir. La santé de ses enfants pour elle était un sujet d'angoisse incessant. « Ma chère petite L. n'est pas plus forte qu'au Mont-Dore. Il nous semblait, il y a quelques jours, que sa physionomie était plus colorée : mais depuis lors je la trouve plus blanche que jamais.

« A onze heures aujourd'hui elle s'est mise au lit avec un peu de mal à la gorge et une courbature générale. J'ai souvent les larmes aux yeux en la regardant ; elle est si pâle ! Et plus souvent encore j'ai le cœur bien gros... Que Notre-Seigneur nous vienne en aide ! *Mais que sa sainte et adorable volonté soit faite ! Il l'aime plus et Il sait mieux que moi ce qui lui est meilleur.* »

Ce fut précisément pour conduire sa chère enfant aux eaux, qu'au printemps (mai 1885) elle entreprend, malgré les douleurs qu'elle éprouve elle-même, le voyage de Lamalou (Hérault). Elle quitte Beaupuy, le cœur oppressé par la crainte, et ceux qui la voient partir, avec cette pauvre enfant si délicate et si frêle, ont peine à cacher leurs larmes et à dissimuler leurs angoisses. Toutes deux néanmoins atteignirent le but sans trop de secousses.

« Vous aurez appris, écrit Mme de Tinguy, que nous sommes arrivées à bon port, dans ces petits monts bien sauvages et bien tristes. L. n'a pas été fatiguée de ce long trajet, mais elle a bien de la peine à rester ici ; souvent la tristesse s'empare d'elle et le mal du pays la saisit.

« ... Je ne sais si le traitement lui fera du bien : elle en fait si peu. Nous espérons passer par Lourdes : là nous prierons pour nos amis, afin que Notre-Dame leur rende en bénédictions les bonnes prières qu'ils veulent bien faire pour nous, et vous savez, cher Monsieur l'abbé, que vous ne serez point oublié.

« ... Nous parlons souvent de la Vendée pour distraire L... Ce matin (12 mai) est l'anniversaire de ses vingt ans. Nous lui avons donné des fleurs et des fruits... »

C'est à ce moment qu'elle apprend que son autre fille est tombée gravement malade au Def... L'inquiétude la tourmente, son imagination s'effraie : à deux cents lieues de distance, elle souffre de cette attente fiévreuse, qui fait trembler à la vue d'une dépêche ou d'une lettre ; les émotions la brisent ; la fatigue la force de s'arrêter : elle est prise d'une congestion, et elle dissimule avec soin le sang qui de sa poitrine déchirée monte à ses lèvres. Et pourtant elle a hâte de revenir ; elle précipite son retour en Vendée, où elle arrive le 25 mai, plus morte que vive ; interrogeant du regard les premières figures amies qu'elle rencontre, pour lire dans une physionomie triste ou joyeuse son malheur ou son espérance. Cependant Mlle T., qui est allée à deux doigts de la mort, se relève peu à peu et la mère, s'oubliant toujours elle-même, continue de prodiguer à ses deux chères malades son affectueux dévouement et les dernières forces vitales, que la souffrance n'a pas tout à fait épuisées.

Comme le séjour à Lamalou a donné quelque vigueur à son enfant, Mme de Tinguy n'hésite pas à s'y rendre de nouveau au mois d'août. La saison s'écoule dans d'assez bonnes conditions : et au retour les deux voyageuses s'arrêtent à Lourdes, pour prier et remercier Marie. Mais là, dans cette vallée, auprès de cette grotte bénie, où la Vierge-Immaculée sourit à toutes les tristesses, et soulage toutes les douleurs, une grande épreuve leur était réservée ; comme si la mère du divin crucifié eût voulu unir encore plus intimement à son cœur ce cœur de mère si souvent transpercé.

Mlle L. tomba gravement malade, et tout à coup le docteur déclara le danger extrême ; le premier soin de Mme de Tinguy est de procurer à son enfant les secours spirituels. Et par une coïncidence touchante, ce fut le 2 1 septembre, fête de Notre-Dame des sept douleurs, que la jeune malade reçut la sainte communion.

Elle était bien au pied de la croix, avec Marie, cette pauvre mère qui écrivait : « Si quelque chose pouvait toucher le cœur de Notre-Seigneur, c'est bien le martyre que j'endure depuis huit jours. »

La préoccupation, l'inquiétude, le chagrin, la fatigue l'avaient tellement abattue elle-même, qu'à chaque instant elle craignait de défaillir. Elle ne sortait plus jamais, sans avoir eu la précaution de prendre sur elle une carte, afin qu'on pût la reconnaître dans le cas d'un accident, qu'elle redoutait à toute minute.

Comme surcroît de peines et de tristesses, il arriva que dans l'hôtel où Mme de Tinguy était descendue, se trouvait un jeune prêtre mourant. Il était venu du Nord, en compagnie de sa mère, demander à Marie sa guérison. Cette pauvre femme se rapprocha tout naturellement de Mme de Tinguy et lui confia sa douleur.

Jamais Mme de Tinguy n'a rencontré dans la vie une âme souffrante et blessée, sans s'incliner affectueusement vers elle, et verser comme une huile adoucissante sa tendre sympathie.

De son âme souvent et intimement pressurée par l'angoisse s'épanchaient la paix, la douceur, la patience, comme les parfums coulent d'une fleur écrasée. Mais qui dira son énergie et les efforts qu'il lui fallait faire, quand, passant du chevet de cet agonisant dans la chambre de son enfant, elle composait son visage et retrouvait son doux sourire pour cacher son amer chagrin ?

Le pauvre prêtre mourut, et selon son pieux désir il fut enterré à Lourdes. Mme de Tinguy accompagna cette sainte dépouille jusqu'au cimetière, soutenant et consolant par son courage le courage défaillant de cette mère en deuil ; et l'on put s'étonner qu'il restât dans son cœur tant de larmes pour les douleurs d'autrui, quand elle en avait tant répandu sur les siennes.

Ceux qui ont connu ces angoisses de l'inquiétude, lorsque chaque jour qui survient peut être le dernier jour d'un être aimé, comprendront ce que souffrit Mme de Tinguy.

« Ma pauvre enfant est si faible que je me demande si Notre-Dame de Lourdes ne veut pas cueillir son petit lis dans son vallon privilégié.

« Ce sera un grand secours pour elle et pour moi que l'arrivée de nos amis de Vendée demain matin. »

Le pèlerinage vendéen entrait en effet dans Lourdes le 22 septembre. Beaucoup d'amis s'empressèrent

autour de Mme de Tinguy et lui offrirent leur affectueux dévouement. Monseigneur, qui présidait le
pèlerinage, aussitôt qu'il eut appris l'inquiétude de
Mme de Tinguy, vint l'assurer de ses sympathies et
donner sa bénédiction à la jeune malade ; en termes
d'une délicatesse touchante, il la recommanda aux
prières de tous les pèlerins : et lorsque après quelques
semaines Mlle L., sortie de ce péril extrême, put
revenir à Beaupuy, Monseigneur écrivit à Mme de
Tinguy, « s'unissant à la joie et aux espérances
que lui donnait le retour en Vendée de sa chère
malade. »

XIX

Pressentiments de mort. — Séjour du P. M. à Beaupuy. — Dernière retraite chez les Auxiliatrices. — Dernier jugement sur elle-même. — « Allons au ciel. »

1885-1887

Toutes ces angoisses avaient porté un coup terrible à la santé de Mme de Tinguy qui par intervalles cependant avait paru s'affermir. De temps en temps, des rives de l'éternité il lui vient comme un souffle de mort qui la fait frissonner.

A la date du 31 octobre 1885 elle écrit : « Une petite prière spéciale, s. v. p., pour votre très humble, qui doit désormais se préparer bien sérieusement à la mort. *Notre-Seigneur semble m'en avertir.* »

Et quelques jours plus tard, — le 2 novembre — sous l'impression de cette mélancolie funèbre, que répand *le jour des morts :* « Je suis revenue ici fatiguée... Depuis quinze jours je garde la chambre et ne bois que du lait : ni pain, ni vin, ni viande. Je suis mieux, mais c'est un état qui devient facilement chronique, et qui est souvent grave, toujours douloureux. Je remercie le bon Dieu de me donner cet avertissement à me préparer à la mort, car j'étais si bien portante que je n'y pensais pas. »

Cette menace devait plusieurs fois encore se renouveler, dans quelques circonstances, même par des symptômes alarmants, qu'elle dissimulait avec le plus grand soin à ceux qui l'entouraient.

Un jour elle était dans son salon avec un prêtre ; une de ses filles, d'une santé extrêmement frêle, travaillait un peu à l'écart. Tout à coup cette pauvre dame se sent prise d'un battement de cœur si violent qu'il lui sembla mourir. D'un signe elle fait approcher le prêtre, et lui dit : « Je meurs, Monsieur l'abbé, vite l'absolution ; mais ne dites rien, pour ne pas effrayer cette pauvre enfant ! » Heureusement l'étouffement diminua peu à peu, et la crise était passée que la fille ne se doutait pas du danger qu'avait couru sa mère.

En mars 1886, le docteur dévoué, qui depuis longtemps la connaissait et lui prodiguait les soins les plus affectueux, eut des craintes sérieuses sur l'issue de cette indisposition.

Mme de Tinguy en fut bien plus troublée pour les

siens que pour elle-même : « Je suis assez fatiguée ;
le docteur me croit atteinte du diabète ; — ceci pour
vous seul, s'il vous plaît. — Il m'assure que c'est une
maladie qui vous emporte tout doucement dans
l'autre monde, sans surprise : ce dont je voudrais
être sûre. J'en remercierais bien le bon Dieu. » (Let.
15 mars 1886.)

Autour d'elle, ce fut naturellement une grande
consternation. Avec cette délicatesse et ce tact
ingénieux, que possèdent seuls les cœurs affectueux,
tous les siens formèrent une sorte de conjuration de
dévouement discret, pour lui cacher la gravité de ce
mal, et en même temps pour lui prodiguer les soins
qui pouvaient le soulager.

Tous ceux qui l'aimaient prirent leur part de ces
inquiétudes. Le P. M., un saint religieux qui vénérait Mme de Tinguy, et qui plus d'une fois trouva près
d'elle des consolations et des conseils, en écrit tout son
chagrin :

« Votre lettre ne m'apprend pas ce que je savais
déjà ; mais elle ajoute singulièrement à ma tristesse.
Je ne m'étais pas fait à l'idée de voir votre chère
mère gravement atteinte : et il me semble qu'elle
devait rester toujours au milieu de vous, dirigeant sa
nombreuse famille. Je savais, en particulier, combien
vous la rattachiez à la vie, alors qu'elle se dépensait
si affectueusement et si exclusivement pour vous. J'ai

encore en souvenir les nombreuses lettres qui me venaient de Lourdes à Ch., alors que plus d'une fois elle se vit en face du sacrifice. J'aime à voir, ma bonne L., tout ce que votre cœur sait lui rendre ; et j'y trouve moi-même une bien douce consolation. Nos rapports, depuis plus de trente ans, ne se sont jamais démentis, et je n'aurai pas de plus grand sacrifice à offrir à Notre-Seigneur que de la voir s'en aller la première à l'éternel repos. Les amertumes ne lui ont pas été épargnées sur le chemin... »

La Providence, on l'a dit souvent, établit entre les âmes des liens intimes et des affinités mystérieuses ; si bien qu'à leur première rencontre elles s'abordent, elles s'unissent et elles s'aiment, comme si depuis longtemps elles s'étaient déjà vues. Dans ces sortes de parentés spirituelles, Dieu, ce semble, ménage certains rapprochements, certains retours, certains départs : tous les êtres éphémères et contingents obéissent avec une merveilleuse docilité à son impulsion mystérieuse.

C'est ainsi que ce saint religieux, qui écrivait cette lettre en mars 1886, devait l'année suivante, en mars 1887, être frappé en même temps que Mme de Tinguy, et la suivre à deux jours d'intervalle dans l'éternité[1].

---

1. « Hier soir, à onze heures, le bon Dieu nous a pris notre si aimé et si vénéré P. M. La lettre si touchante, qui lui annonçait la mort de Mme de Tinguy, lui a été lue. Ses yeux se sont élevés vers le ciel,

Mais auparavant, dans cette année, qui fut la dernière pour tous deux, il eut le bonheur de la revoir à Beaupuy.

Ceux qui ont connu le P. M. savent avec quelle piété vive, avec quel à-propos ingénieux, il interprétait la sainte Ecriture. C'était une des grandes joies de Mme de Tinguy, quand elle pouvait obtenir de lui une de ces rares fêtes de la parole et du cœur. Je vois encore le rayonnement de son visage un jour que ce saint religieux, se laissant aller à son ardeur enthousiaste, commentait les beautés de nos saints livres. Sous les effluves de cette âme j'étais émerveillé. « Il est ainsi, me dit en souriant Mme de Tinguy, toutes les fois que je le *lance,* et je le *lance* souvent. »

Ce fut lui aussi qui lui apprit et lui copia ce cantique, qu'elle aimait si souvent à chanter :

> Mon Dieu, qu'il est doux
> D'être tout à vous,
> Sans nulle réserve !
> Mon Dieu, qu'il est doux,
> Sans nulle réserve,
> D'être tout à vous !

Telle était bien la note dominante dans l'âme de

et semblaient nous dire : « J'y serai bientôt avec elle. » Merci, chère Madame, des lignes si émues et si religieusement sympathiques qui terminaient, ou plutôt qui composaient toute votre lettre. Elles répondent bien au dévouement affectueux et à l'estime singulière que professait notre bien-aimé défunt pour l'honorable famille de Tinguy. »

Mme de Tinguy : la confiance, l'union à Dieu et un affectueux abandon.

Comme ce sentiment de l'amour reconnaissant, de l'amour qui soupire dans la séparation et la tristesse de l'exil, était bien traduit par le timbre mélodieux de sa voix !

Que de fois je l'ai écoutée avec bonheur chantant de sa voix si douce, dans le silence et le recueillement du soir, cet autre cantique qui revenait naturellement sur ses lèvres :

> Jésus, Jésus, ô nom plein de tendresse !
> ....
> Jésus, Jésus, tout ce qui m'environne
> Ne peut sans toi contenter mon amour ;
> A tes attraits je m'offre et m'abandonne ;
> Je suis à toi, Jésus, c'est sans retour.

Elle aimait tant la musique ; elle goûtait si délicatement les sentiments exprimés par certains cantiques, échos mystérieux de la patrie, chers aux âmes qui ont le mal du pays céleste !

Semblable à la vierge romaine dont l'Église raconte les prières mélodieuses, quand l'instrument exhalait des sons harmonieux sous ses doigts habiles, son âme chantait mieux encore : « Seigneur, faites mon cœur toujour pur [1]. »

Du reste la musique pour elle n'était qu'un moyen

---

1. « *Fiat cor meum immaculatum.* » Of. de S. Cécile.

de donner des ailes à ses aspirations vers Dieu, ou de plaire à ceux qui lui étaient chers ; ce doux passe-temps ne lui faisait point oublier de plus sérieux devoirs : aussi peut-on dire d'elle encore, comme de sainte Cécile, qu'elle fut au service du Seigneur une abeille toujours industrieuse ; et que le divin et « *chaste semeur* [1] » a recueilli une abondante moisson des désirs qu'il avait jetés dans cette âme.

A sa demande, un poète composa alors sur un motif de piano très mélancolique et très touchant, ayant pour titre *le Mal du pays,* les trois stances qui suivent :

> Qui me dira par quel mystère
> Nul plaisir ne remplit mon cœur ?
> Pourquoi toute joie est amère ;
> Si le bonheur n'est que chimère,
> Pourquoi je rêve du bonheur ?
>
> Je crois, et je souffre du doute ;
> J'espère, et mon rêve est trahi ;
> J'aime, et mon pauvre amour redoute
> Que l'un des buissons de la route
> Ne cache la mort ou l'oubli.
>
> Puisque ici-bas tout est souffrance,
> Effroi pour mon cœur alarmé,
> Je veux l'amour et la croyance ;
> Mais je veux surtout l'espérance
> *De revoir mon pays aimé.*

1. *Seminator casti consilii.*

« Vos vers sont vraiment trop tristes, lui dit-elle, c'est à peine si nous pouvons les chanter. »

Sa piété en effet était loin de la rêverie et du découragement ; et si elle avait des aspirations ardentes pour le ciel, elle avait des désirs non moins ardents pour le tabernacle, où son âme se trouvait à l'aise comme dans les joies de la vraie patrie. A l'égard de Notre-Seigneur, elle avait de ces délicatesses qui vont au cœur du Maître.

Des plantations nombreuses faites autour du château de Beaupuy le dérobaient, comme dans un nid de feuillage, aux regards indiscrets du monde.

Dans cet enclos, fermé aux choses de la terre, mais largement ouvert aux sourires du ciel, le cœur de Mme de Tinguy incliné vers l'Eucharistie, comme l'aiguille vers le pôle, était tourmenté de ne pas voir le Bien-Aimé. Aussi quelque temps avant sa mort, en faisant jeter par terre un arbre, elle avait ouvert une brèche à l'horizon. A travers cette ouverture, comme l'épouse des cantiques, par les treillis du feuillage, elle apercevait de sa chambre l'église de sa paroisse ; et sur ce toit béni de la maison de Dieu, souvent se reposaient son regard et son cœur.

Nous nous attardons trop peut-être sur ces détails ; notre excuse est toute dans ce sentiment qui fait trouver de multiples et ingénieuses minuties, pour prolonger l'entretien avec ceux qu'on aime, et pour repousser l'heure de la séparation et des adieux.

Peu à peu la santé de Mme de Tinguy était redevenue meilleure ; le danger semblait avoir disparu pour longtemps ; mais des préoccupations l'accablaient encore.

Le 29 octobre elle écrit :

« Vous avez bien compris que nous étions heureux d'avoir de vos nouvelles : seulement nous les désirons meilleures ; soyez donc plus aimable une autre fois, et dites-nous que votre santé est devenue bien plus forte. Nous faisons des vœux pour que votre tête se fortifie aussi ; car ces étourdissements sont si pénibles ! Hélas ! la vie est si amère dans ce triste monde ! Vous en savez quelque chose, et moi aussi ! »

Après être entrée dans le détail de tous les ennuis qui l'accablent, elle ajoute :

« Vous voyez que les épreuves ne me manquent pas, sans parler de celles que je vous dirai de vive voix, et que Notre-Seigneur connaît.

« ... J'ai presque envie de vous dire que je suis découragée depuis ce matin. Je me vois accablée de soins, de soucis de toutes sortes... Une petite prière, s. v. p., pour votre bien humble et respectueuse. »

C'est à la date du 29 octobre qu'elle écrit cette lettre, où semble faiblir son énergie. La semaine suivante, comme pour relever sa pauvre âme abattue, elle se rend à Nantes faire une retraite — sa dernière — *au couvent des Auxiliatrices.*

« 5 novembre 1886.

« Vous pourrez à peine en croire vos yeux ; il est pourtant vrai que je prends trois jours de repos dans cettte sainte maison de Dieu. »

Comme il nous serait doux d'avoir en entier ces derniers entretiens de son âme avec Notre-Seigneur ! Il nous semble que le divin Maître, qu'elle avait tant aimé, dut incliner, avec plus d'affection et de tendresse que jamais, ce cœur affligé sur son divin cœur, et donner par sa grâce à cette âme la dernière perfection qu'il voulait d'elle, afin qu'elle fût prête à répondre bientôt à l'appel suprême.

Nous avons les résolutions de cette retraite ; elles sont écrites sur une toute petite feuille qu'elle avait glissée dans son livre d'heures, et qu'elle relut souvent dans ces quatre mois qui précédèrent sa mort.

†

J. M. J.

« † Au réveil la première pensée et la première parole de mon cœur pour Notre-Seigneur. — Offrande de tout.

« Méditation avec soin, trente minutes matin.

« Prière, messe, communion.

« Mortifications : Extérieure : prier les bras en croix, etc... — Intérieure : éviter toute faute volontaire.

« Prier pour obtenir un grand amour de Notre-Seigneur.

« Eviter avec le plus grand soin les manquements de charité.

« Prendre son repos aux pieds de Notre-Seigneur. Notre dernière parole, notre dernière pensée pour Lui.

« Par fragilité : oui.

« Par volonté : jamais.

« Dans un instant Notre-Seigneur peut nous donner plus et beaucoup plus qu'il n'a jamais donné.

« Demander ces grâces puissantes avec une grande confiance : avec elles nous pourrons aimer et servir Dieu, malgré l'âge, les langueurs de la vieillesse. Ne cessons de Lui dire : « Seigneur, je voudrais vous aimer comme un ange, comme votre sainte mère. »

Telles sont les aspirations suprêmes de cette âme, recueillie devant Dieu. Tous ses élans n'ont qu'un but : *Aimer comme un ange.*

La mort peut venir désormais ; elle est bien prête, puisque dans son cœur tout se tait, tout s'anéantit devant ce désir céleste : s'unir à Dieu par un amour parfait.

Et pourtant son humilité s'effraie ; et à mesure

qu'elle voit le terme s'approcher, elle s'épouvante davantage :

« Je n'ai que tristesses à vous dire, écrit-elle à une amie, qui a toute son affection et toute sa confiance, je devrais me le reprocher... Mais je n'ai rien autre chose dans ma pauvre tête, et mon cœur est bien sous presse. Mon avenir éternel me préoccupe et m'effraie. Celui de mes enfants idem...

Et quelques jours après, 22 décembre 1886 :

« Je suis bien touchée de vos excellents vœux de nouvel an. Ils sont accompagnés d'une assurance de récompense, à laquelle je ne pense qu'en tremblant. Rien n'est moins sûr pour moi : j'ai grand besoin au contraire de faire plus attention à servir Dieu, et à m'appliquer à le faire aimer et servir de ceux qui m'entourent. Je me fais de grands reproches, quand je vois toute la peine que je me donne pour assurer le bien-être matériel de chacun d'eux, et le peu que je fais pour le bien de leur âme. Je suis très effrayée de cette pensée pour l'heure de ma mort. Il est vrai que j'accepte bien des peines avec une certaine soumission à la volonté de Dieu ; mais jusqu'ici le Seigneur ne m'a pas frappée directement, si je puis ainsi parler, dans l'intime de mon âme, ni dans mon corps, comme le saint homme Job. Je crois que je serais bien moins résignée pour de grandes souffrances spiri-tuelles ou corporelles...; et bien difficilement, pour accepter la mort. En un mot, je suis loin, bien loin, très loin de valoir ce qu'on croit dans le monde. Et cela fait du bien d'être humiliée : on voit ce que pensent de vous les autres. »

Certes, nous ne saurions juger comme elle ; en considérant cette vie si bien remplie par le dévouement, par les épreuves patiemment supportées, par une piété si tendre envers Notre-Seigneur ; cette vie, qui s'est faite humble pour être vue de Dieu seul, et qui a répandu le bien autour d'elle sans bruit, à la façon des anges gardiens invisibles. Quel abîme entre cette existence toute de dévouement affectueux et l'existence désœuvrée, égoïste, frivole ou corrompue de tant d'autres ; ou même la vie si fiévreuse, si agitée, si bouleversée de quelques-uns !

« Quand le penseur redevient homme, a dit un sceptique [1], quand il regarde en arrière, quand il voit les ruines qu'il a faites et écoute les gémissements qu'il a arrachés : oh ! qu'il trouve alors son sentier rude et sauvage et qu'il donnerait volontiers la jouissance de la conquête pour l'une de ces douces fleurs de piété et de poésie, qui embaument encore le sentier des humbles ! »

Mme de Tinguy touchait à la fin de son pèlerinage ici-bas, mais elle était néanmoins toujours courageuse

____

1. Edmond Schérer.

et prodiguait joyeusement les dernières heures de la
journée. Au mois de décembre, elle passait deux
semaines en Bretagne, auprès de l'un de ses fils
malade. Mais là, ses forces trahirent son courage ; à
un moment donné la fatigue fut telle qu'en hâte elle
revint à Beaupuy pour ne pas mourir là-bas. Cependant elle dissimule si bien sa faiblesse et ses inquiétudes,
elle conserve tellement son entrain et son amabilité
que personne ne songe à la mort qui est là tout
près.

« Nous espérons, écrit-elle, le 5 janvier 1887, que
vous viendrez nous édifier, quand le temps sera plus
beau, et que les fleurs auront reparu sur la terre. En
attendant, elle est bien couverte de frimas... et de
ronces. C'est bien là ce que l'on rencontre en cette
triste vie. Mais à qui le dirai-je mieux qu'à vous, vous
si éprouvé, et pourtant si soumis à l'épreuve, si
doux envers la douleur qu'on la dirait votre sœur ?

« ... Vous ai-je dit que nous avons ici une petite
Marthe, qui appartient à R. et qui vient très bien.
Elle est née le jour de la fête de sainte Térèse.
M. de Tinguy est venu faire son jubilé et ses noëls
ici, et il est reparti en Bretagne. Du reste, tous nos
hommes ici ont *fait leur fête,* grâce à Dieu ! »

Ce même jour, 5 janvier 1887, elle écrit à Séville,
à cette religieuse (Sainte-Balbine) qu'elle aimait tant;
elle lui demande la copie d'une petite prière que nous

donnons ici et qui semblerait vraiment avoir été composée pour elle, tellement elle résume en quelques mots toute la vie de Mme de Tinguy :

PRIÈRE

« Je vous rends grâces, ô mon Dieu, bien plus encore pour les peines de ma vie que pour les joies que vous m'avez données. Merci, mon Dieu, merci pour mes larmes de chaque jour, purifiées par la souffrance ; merci pour les trésors de douleurs, qui ont rempli mon existence, et qui enrichiront ma dernière heure. Soyez béni, mon Dieu, pour ces dons d'amertume, gage de votre paternelle miséricorde, espérance de votre divin pardon. Seigneur, broyez, consumez, anéantissez tout en moi : achevez en moi votre ouvrage, faites-moi mourir à toutes choses d'ici-bas, pour ne plus vivre que de vous et en vous, mon divin Maître. Ainsi soit-il. »

Quelques jours encore, tout allait être consommé, et Notre-Seigneur devait donner le signal de la délivrance.

Par une sorte de pressentiment mystérieux les dernières semaines de sa vie, sur la petite table près de laquelle elle aimait à s'asseoir pour se reposer dans le travail, elle avait, comme livre de lecture spirituelle, le dernier qu'elle ait lu, l'ouvrage qui a pour titre : « *Allons au ciel.* » Telle avait été la devise de toute sa vie. Le cri qui s'est échappé de cette âme a été un continuel « *Excelsior !* » Et comme le jeune voyageur du poète [1], c'est en poussant ce cri sur les plus hautes cimes qu'elle est tombée ; c'est dans les plis de cette bannière du dévouement, du zèle et de l'amour divin, qu'elle demeure ensevelie.

Comme on aime à recueillir tous les souvenirs d'une vie bien aimée qui a disparu, gardons encore celui-ci.

Quelques semaines avant sa mort, elle se promenait un jour autour de Beaupuy, avec une domestique qui conduisait ses petits-enfants. Un malheureux bouvier, qui passait près de là, se prit à blasphémer d'une manière horrible devant sa charrette embourbée. Aussitôt elle ordonne à la domestique d'éloigner les enfants, ne voulant pas que les sens même de ces êtres si purs soient souillés, et que ces âmes candides prennent le contact du mal ; puis elle court à lui, et elle l'apostrophe sévèrement, d'un ton indigné, qu'elle n'avait certes pas accoutumé d'avoir, elle si douce, elle si bonne, elle si délicate. Il y avait là plusieurs de ses fermiers ; devant tous, elle adresse au pauvre paysan confus une réprimande brève, mais qui portait coup, en lui défendant, s'il blasphémait ainsi, de passer sur ses terres.

Du reste, pour les blasphémateurs elle était impi-

1. Longfellow.

toyable, et il me souvient qu'un jour elle congédia un de ses fermiers, parce qu'il blasphémait et n'allait pas à la messe.

Exemple vraiment beau d'une autorité bien comprise, et chrétiennement exercée.

Un ou deux jours à peine avant de s'arrêter pour mourir, elle apprenait à ses filles ce cantique, composé sur les *Adieux* de Schubert. Elle l'avait elle-même copié, pendant une de ses premières saisons aux Eaux-Bonnes, en 1855 :

> Prends mon cœur, le voilà, Vierge, ma bonne Mère ;
> C'est pour se reposer qu'il a recours à toi.
> Il est las d'écouter les vains bruits de la terre ;
> Ta secrète parole est si douce pour moi !

Avec quelle mélancolie touchante, bien exprimée par sa voix pure, elle chantait ces beaux vers, qui reveillaient dans son cœur tant de souvenirs et une si douce espérance :

> Quand mes yeux obscurcis baisseront vers la tombe,
> Quand ma lèvre aura bu le calice de fiel,
> Donne-moi pour voler des ailes de colombe,
> Et viens me recevoir à la porte du ciel.

Qui l'eût entendue, ce soir-là, à l'heure où l'ombre de la nuit envahissait le salon solitaire, n'eût pu se garder d'une secrète frayeur, ni retenir ses larmes. Son chant suprême, ses adieux à elle, furent une dernière prière à Marie.

XX

Maladie. — Mort. — Funérailles. — La tombe.

E jeudi, 10 mars, dans l'après-midi, au moment où elle recevait la visite de quelques amis, Mme de Tinguy fut prise de douleurs assez vives ; le soir elle ne put descendre à la table de famille. « C'est une crise légère, dit-elle, et qui passera bientôt. »

Hélas ! cette crise allait s'aggraver au contraire ; et au bout de quelques jours, malgré les soins affectueux et intelligents qui lui furent prodigués, le mal jeta tous les siens dans de mortelles inquiétudes.

Dès le lundi suivant, 14, la pauvre malade fut saisie par des douleurs atroces. « La nuit nous a paru bien longue ! écrit une de ses filles ; il est moins dur de souffrir que de voir souffrir. Hier, elle nous parlait, sans trop savoir où elle était ; aujourd'hui (16 mars) elle n'a pas de douleurs, mais elle rejette tout aliment.

Elle est brisée, et très faible. J'ai peine à m'arracher de sa chambre, et cependant les larmes me gagnent, quand je vois cette pauvre figure meurtrie. »

Ils sont navrants dans leur laconisme ces bulletins, où sont tombées les larmes de la douleur filiale : tracés d'une main agitée et tremblante, ils étaient envoyés, presque chaque jour, à l'amitié compatissante, qui les attendait avec anxiété.

Le 19, jour de la Saint-Joseph, elle put faire la sainte communion, et le lendemain on lui donna les derniers sacrements. Le lundi 21, une de ses filles écrivait encore, au milieu de ses larmes :

« Mère a eu hier une crise ; aujourd'hui à midi son pouls remontait ; elle a perdu connaissance : nous la croyions partie pour le ciel! Maintenant (une heure), elle est un peu moins mal. Mon Dieu, si vous ne voulez pas nous la laisser, prenez soin de sa fin ! Elle nous embrasse avec tant d'amour, comme pour la dernière fois. Elle embrasse mon crucifix, et nous donne ses dernières recommandations : demain nous ferons tous la sainte communion. Prions toujours. »

Et le mercredi 23 mars :

« C'est sans doute la dernière fois que je vous écris avant la cruelle séparation. Maman s'en va si sainte-ment, si sûrement au ciel! Elle nous a bénis : elle ne parle que du ciel... Mon Dieu, ayez pitié de nous ! Miséricorde... Elle nous sourit des yeux. »

Le lendemain jeudi, à six heures moins le quart du matin, Mme de Tinguy rendait sa belle âme à Dieu.

Ici qu'on nous permette de donner le récit que nous avons eu la douce consolation de faire dans la *Semaine catholique*, au lendemain de ses funérailles.

Jeudi matin, au château de Beaupuy, s'endormait pieusement dans la paix du Seigneur Mme la comtesse de Tinguy, née Georgine-Henriette-Françoise de Chabot.

Ceux qui ont connu Mme de Tinguy ne seront pas surpris d'apprendre que sa mort a été, comme sa vie, une mort de prédestinée. Qui donc a dit que la mort du juste était le soir d'un beau jour ? Rien de plus calme, de plus doux, de plus mélancolique, de plus attendrissant que le suprême rayonnement de cette âme à son départ ; rien de plus touchant que la tranquillité, j'allais dire le bonheur intime et profond, de ses suprêmes adieux.

Elle s'est couchée pour mourir, comme le pèlerin lassé qui se repose ; elle a donné à tous ceux qu'elle aimait une dernière pensée, une dernière parole, un dernier regard et elle s'en est allée, comme on s'en va pour un court voyage, avec la douce espérance de l'au-revoir prochain.

Et cependant Dieu sait par quelle tendresse elle tenait à ceux qu'elle a laissés ; quelle foi vive et quelle forte espérance il a fallu pour briser si doucement tous ces liens qui la rattachaient à cette vie.

Jusqu'à son dernier moment, elle s'oubliait elle-même, comme elle avait fait toujours, pour penser à ses enfants.

« Vous vous fatiguez », disait-elle à ses filles, qui lui prodiguaient les soins les plus affectueux. — « Mère, c'est trop juste, vous nous avez tant soignées ! » — « Cela ne me coûtait pas, mes enfants, c'était tout mon bonheur. » Sa vie est là ; le bonheur dans le dévouement, le bonheur dans le sacrifice ; peut-être même Dieu voit-il là aussi le secret de sa mort.

Jusqu'à sa dernière heure, elle eut cette préoccupation des siens. Mardi matin son mari et ses enfants l'entourant, elle voulut leur faire ses adieux, dire à chacun le mot du cœur, propre à sa situation personnelle ; demandant aux domestiques de continuer à soigner ses chères filles...

Que de fois elle a répété à ses enfants ces mots de saint Jean : « Oh ! aimez-vous bien, mes petits enfants ; je vous serai plus utile du haut du ciel, mais aimez-vous bien. »

Sa foi était si grande, sa piété si vive, elle aimait tant Notre-Seigneur qu'elle était heureuse. Pendant les quinze jours d'une maladie douloureuse, pas un mot de plainte, toujours une résignation tranquille.

Les soins qu'on lui donnait, elle les acceptait avec une reconnaissance si affectueuse qu'elle arrachait des larmes aux yeux de la sœur garde-malade.

Une nuit, la sœur voulait lui adoucir une position fatigante : « Oh! ma sœur, ce n'est pas la peine : pensons donc aux pauvres Clarisses qui couchent sur la dure. »

Comme on la plaignait de tant souffrir : « Oh! s'écriait-elle, Notre-Seigneur a souffert infiniment plus, Lui, sans autre adoucissement que du fiel ; et moi indigne, comme je suis soignée! Il était abandonné, et voyez la tendresse de tous les miens. »

La pensée d'aller rejoindre ce Jésus qu'elle avait tant aimé répandait sur son visage une douce clarté.

Une de ses filles, trompant la vigilance de tous, et s'approchant d'elle pour lui parler de la mort et du ciel : « Oh! merci, mon enfant, le ciel! le ciel ! parle-moi du ciel, cela me fait du bien. »

Ayant au cœur cette foi profonde des saintes âmes, elle voulut qu'on lui donnât les derniers sacrements dans toute la plénitude de ses facultés intellectuelles.

« Mon père, disait-elle, a reçu plusieurs fois l'Extrême-Onction avant de mourir. » Mais, craignant d'impressionner ses enfants, elle leur en parlait avec des précautions infinies. Puis voyant qu'eux-mêmes puisaient dans ce secours de la religion une consolation et des espérances pour son âme et pour son corps, et qu'ils lui répétaient : « Oui, mère, vous serez plus heureuse, et nous voulons tout ce que vous voulez... » —« Oh ! merci, mes petits enfants, que vous êtes bons et que je vous aime ! Que Dieu vous récompense du bien que vous me faites. »

J'ai assisté tout en larmes à cette touchante cérémonie, et de ma vie je n'oublierai l'accent de foi avec lequel la pauvre malade soupirait après chacune des onctions saintes. « Oh ! merci, mon Dieu, que cela me fait du bien !

Et comme tout le monde pleurait : « Je ne veux pas que vous pleuriez, disait-elle ; » et, s'adressant à un de ses domestiques qui sanglotait auprès d'elle : « Mon bon Charles, pourquoi pleurez-vous ? »

Elle, elle était souriante, radieuse, du bonheur qu'apportent la grâce de Dieu et l'amour de Notre-Seigneur.

La journée fut plus calme ; on crut à un mieux, et comme on le faisait remarquer, elle répondait : « Je suis si loin, ne me rappelez pas à la vie. Il est si doux de mourir, d'aller au ciel. Il me semble que je suis prête : je n'ai rien qui m'inquiète. »

Comme son confesseur lui disait de se reposer sur la miséricorde de Dieu, cette parole la frappa vivement, et elle répétait souvent ensuite, d'un ton grave et pénétré : « Oui : je me repose sur la miséricorde de Dieu. »

Oh ! oui, dormez en paix, âme chrétienne, sur le cœur, entre les bras de Dieu. Vous l'avez tant aimé !

Aussi avec quelle sérénité elle a vu la mort venir : saint Joseph, qu'elle priait avec une si filiale confiance, qu'elle avait placé à l'entrée de sa maison et dans tous ses appartements, comme le gardien de Jésus et de Marie toujours vivants et toujours aimés dans sa demeure, saint Joseph avait répandu dans cette âme la tranquillité et la paix de son âme.

« La branche, a dit quelqu'un, lorsqu'une main s'approche pour détacher la fleur, frissonne, semble à la fois se dérober et s'offrir. Le corps humain a quelque chose de ce tressaillement, quand arrive l'instant où les doigts mystérieux de la mort vont cueillir l'âme. »

Pour elle, il n'en fut pas ainsi ; son âme s'est détachée de son corps doucement, sans secousse, comme un fruit mûr que la main de Dieu cueille pour le ciel.

Elle est morte jeudi matin, à six heures, au moment où l'on achevait auprès d'elle les litanies de saint Joseph.

Elle montait ainsi vers le bonheur éternel, appuyé sur Joseph et Marie, emportant Jésus dans son cœur.

La veille, en effet, elle avait pu recevoir le saint viatique, avec les sentiments d'une angélique piété.

Le prêtre, qui apportait ce divin secours pour le suprême voyage, lui ayant demandé de bénir son mari, ses enfants présents et absents, ses domestiques, elle souleva par trois fois ses mains défaillantes, et bénit tous ceux qu'elle aimait, en fixant au ciel son regard suppliant, et en refoulant au fond de son cœur des larmes trop amères.

Puisse cette bénédiction suprême d'une mourante demeurer pour tous un cher souvenir, une fortifiante espérance ; et faire vivre dans tous ces cœurs l'amour de Dieu qu'elle conserva toujours si vivace dans le sien !

Je n'ai donné ici qu'un aperçu bien imparfait des vertus de Mme de Tinguy. Celui qui a reçu les secrets de ce cœur, qui, pendant de longues années, a été admis dans la confidence de ses œuvres charitables, qui a vu de près « cet héroïsme d'amour maternel, et de confiance en Dieu, » qui l'a soutenue avec un si admirable dévouement dans sa dernière maladie, pourrait seul dévoiler toutes les beautés de cette âme et toutes les vertus de cette grande chrétienne.

Mais Dieu l'a récompensée !

Ses restes vénérés, mis au cercueil, furent déposés dans sa chapelle tant aimée, ornée par elle avec cette piété délicate, cette distinction élégante qu'elle portait en toute choses. C'est là que toute la nuit, sans aucune interruption, se succédèrent les prières, les chapelets, les chemins de Croix, pour le soulagement de son âme.

Ses funérailles, qu'elle avait voulues très simples, ont été mieux que somptueuses et éclatantes : elles ont été pieuses, touchantes et recueillies ; car tous ceux qui étaient là avaient la foi dans l'âme, des sanglots dans le cœur, des larmes dans les yeux et la prière sur les lèvres.

Lorsque, au moment de l'absoute, M. le curé de la paroisse, qui sentait si profondément cette perte douloureuse, devant cette vie brisée, à laquelle avait été unie toute sa vie de prêtre, annonça en quelques mots émus le service d'octave et demanda des prières pour la « vénérée défunte, » tout le monde sanglotait.

Elle avait désiré autour de son cercueil une belle couronne de prêtres ; elle se déroulait magnifique, cette guirlande de cœurs consacrés. Il y a avait là près de cinquante prêtres, qui apportaient à cette chrétienne le tribut de leur vénération, à cette âme charitable l'hommage de leur reconnaissance, à cette morte le suffrage de leurs prières.

De son cercueil et de sa tombe, elle avait prié d'éloigner les couronnes, disant qu'elle ne voulait pas sa couronne sur la terre, mais au ciel [1] ; aussi par une

---

1. Au congrès des catholiques du Nord (décembre 1887), Mgr Hasley, archevêque de Cambrai, signale et proscrit la profusion

attention délicate, on avait tressé de fleurs parfumées une croix triomphale, qui fut attachée sur le drap mortuaire. Sur le cercueil lui-même, une autre croix avait été sculptée ; et dans la bière — qu'on me pardonne de dévoiler ce secret tout intime — on avait caché aux pieds de la morte une petite croix, confidente de multiples espérances et d'amères douleurs.

Et maintenant, elle repose en paix dans le cimetière de sa paroisse, où elle avait choisi sa place, entre la tombe d'un jeune prêtre anglais, qu'elle avait adopté des mains de Mgr Manning et soigné comme un fils, et la tombe de sa fille Antoinette qu'elle avait consacrée à Dieu comme religieuse ; entre la charité chrétienne et l'amour maternel, les deux plus belles vertus de son âme, deux fleurs qui embaument sa tombe, après avoir parfumé toute sa vie.

28 mars 1887.

Pour protéger ses restes vénérés, on a sculpté dans le granit de Bretagne une simple croix, qui porte un beau christ, d'une expression grave et pieuse.

---

des fleurs et des couronnes sur les cercueils et les tombes funèbres. C'est Dieu, dit-il aux applaudissements de l'auditoire, qui distribue les couronnes. Pour nous, catholiques, donnons à nos chers morts le tribut de nos prières. C'est le meilleur témoignage de la chrétienne et vraie douleur, en même temps que la source la plus féconde de la consolation. (*Univers.*)

Sur le piédestal on lit ces paroles :

Ici repose,

près de ses enfants,

Georgine-Henriette-Françoise DE CHABOT,

comtesse DE TINGUY,

pieusement décédée le 24 mars 1887,

a l'age de soixante-trois ans.

—

Heureux les morts
qui meurent dans le Seigneur.
Désormais,
dit l'Esprit,
qu'ils se reposent de leurs peines ;
car leurs œuvres
les suivent. (Apoc. xiv. 13.)

Tecum in pace.
Amen.

« Prenons garde à la façon dont nous nous tournons vers les morts... Regardons fixement le ciel ; et nous y verrons la lueur vivante de nos morts aimés...

« J'apprendrai, disait autrefois Tacite en parlant à Agricola, j'apprendrai à ta fille et à ton épouse le culte du souvenir ; souvenir vénéré de celui qui n'est plus ; souvenir fidèle de ses actes et de ses paroles ; elles entoureront de leurs tendresses non plus ton corps, mais la beauté toujours vivante de ton grand cœur [1]. »

Ainsi la piété filiale, toujours vivace et toujours fidèle, fera revivre au foyer de la famille celle qui du haut du ciel fixe son cher regard sur chacun de ceux qu'elle a tant aimés.

Pour nous, il nous a été doux de recueillir quelques traits de cette vie si chrétienne, afin de conserver sa mémoire ; afin d'édifier et de consoler ceux qui souffrent et ceux qui pleurent.

Que la croix de Jésus-Christ, qui est empreinte sur toutes les pages de ce livre, où repose son souvenir, comme elle domine la tombe où gît sa mortelle

---

1. *Id filiæ quoque uxorique præceperim sic patris sic mariti memoriam venerari, ut omnia facta dictaque ejus secum revolvant ; formamque ac figuram animi magis quam corporis complectantur. »* (Vita Agricolæ.)

dépouille, soit pour les survivants un symbole d'espérance : elle est pour la chère absente un gage
d'immortalité !

TABLE

Nantes. — Imp. Vincent Forest et Emile Grimaud, place du Commerce, 4.